Das Edison-Prinzip

■ *Jens-Uwe Meyer* ist Buchautor und Inhaber der Firma »Die Ideeologen – Gesellschaft für neue Ideen«, Deutschlands erster Beratungsfirma für unternehmerische Kreativität. Als Trainer und Berater zeigt er Mitarbeitern und Führungskräften, wie sie Ideen entwickeln und diese zum Erfolg bringen können; zu seinen Kunden zählen namhafte Firmen wie SAP, Novartis, Volkswagen, die Kinokette CineStar, Swisscom Mobile und die ARD. Er unterrichtet Corporate Creativity an der Handelshochschule Leipzig.

Jens-Uwe Meyer
Das Edison-Prinzip

**Der genial einfache Weg
zu erfolgreichen Ideen**

Mit Illustrationen von Roger Schmidt

Campus Verlag
Frankfurt/New York

Bibliografische Information der Deutschen Nationalbibliothek:
Die Deutsche Nationalbibliothek verzeichnet diese Publikation in der
Deutschen Nationalbibliografie. Detaillierte bibliografische Daten
sind im Internet über http://dnb.d-nb.de abrufbar.
∎ ISBN 978-3-593-38517-4

Das Werk einschließlich aller seiner Teile ist urheberrechtlich geschützt.
Jede Verwertung ist ohne Zustimmung des Verlags unzulässig. Das gilt
insbesondere für Vervielfältigungen, Übersetzungen, Mikroverfilmungen
und die Einspeicherung und Verarbeitung in elektronischen Systemen.
Copyright © 2008 Campus Verlag GmbH, Frankfurt/Main
Umschlaggestaltung: R.M.E, Roland Eschlbeck und Ruth Botzenhardt
Umschlagmotiv: © Corbis, Düsseldorf
Satz: Fotosatz L. Huhn, Linsengericht
Druck und Bindung: Beltz Druckpartner, Hemsbach
Gedruckt auf Papier aus zertifizierten Rohstoffen (FSC/PEFC).
Printed in Germany

Besuchen Sie uns im Internet: www.campus.de

Inhalt

Einleitung: Sie sind viel kreativer, als Sie glauben 9
Ideen sind kein Hexenwerk 10
Vier falsche Wahrheiten über Kreativität 15
EDISON: Ideen entwickeln mit System 21

Teil 1
EDISON – Sechs Schritte zur erfolgreichen Idee

Schnelleinstieg: Wie man eine Glühbirne erfindet....... 27
Das Geheimnis des Geistesblitzes 28
Die Glühbirne: der geplante Geistesblitz 29
Und das Ganze wieder von vorne: der Zyklus der sechs Schritte 41

Erfolgschancen erkennen: Sehen Sie, was andere übersehen .. 43
Der Spam-Filter in Ihrem Kopf – und wie Sie ihn umgehen 44
»Haben Sie ein Problem für mich?« 46
Der Schwächenblick – verbessern Sie die Welt! 53

Denkautobahn verlassen: Weichen Sie dem Ideenstau aus .. 61
Die besten Ideen liegen abseits der Denkautobahn! ... 63
Vom Tunnel- zum Rundumblick – erkunden Sie den Reiz der Nebenstrecken! 63
Die Gerade – der Feind des Kreativen: Nehmen Sie Umwege! 69

Inspirationen suchen: Betreten Sie kreatives Neuland 74
Nichts ist nicht kreativ – werden Sie zum Ideenschwamm 77
Warum es sinnvoll sein kann, sich zu verzetteln 83

Spannung erzeugen: Wenn Geistesblitze zum kreativen Gewitter werden 88
Denken Sie kaleidoskopisch! 89
Aktivieren Sie Ihr Kaleidoskop 91
Wie der Rollmops ins Bier kommt 94

Ordnen und optimieren: Entwickeln Sie einen Goldriecher . . 101
Suchen Sie nach Gold! 103
Vorsicht Sackgasse! So entwickeln Sie Ihre Ideen konstruktiv weiter 107
Lassen Sie Ihre Ideen nicht allein – Ohne Umfeld funktioniert es nicht 112

Nutzen maximieren: Werden Sie zum Ideenverkäufer 117
Trommeln Sie laut für Ihre Ideen! 118
So verkaufen Sie Ihre Ideen richtig 120

Teil 2
Edisons sieben Gesetze der Kreativität

1. Das Gesetz der kreativen Unzufriedenheit:
»Unzufriedenheit ist die erste Voraussetzung für Fortschritt« 135
Zufriedenheit macht blind 135
Unzufriedenheit – der Treibstoff des Kreativen 137
Destruktive und konstruktive Nörgler 140

2. Das Gesetz des kreativen Drucks:
»Eine kleine Erfindung alle zehn Tage, eine große Sache alle sechs Monate« 145
Der kreative Hintern braucht einen Tritt 146
Setzen Sie sich unter Druck – Ideen wie aus dem Schnellkochtopf 149

3. Das Gesetz der kreativen Vision:
»Um zu erfinden, brauchen Sie eine gute Vorstellungskraft« . 154
Phantominnovationen: Alle reden drüber, keiner sieht sie 155
Unmöglich ist nur ein Mangel an Fantasie! 156
Träumer und Realisten 158

4. Das Gesetz des Scheiterns:
»Für eine großartige Idee brauchen Sie eines: viele Ideen« 165
Kreative scheitern öfter. Und sie lieben es! 167
Schöner scheitern – der Weg zum kreativen Erfolg 168

5. Das Gesetz des kreativen Umfelds:
»Es gibt hier keine Regeln. Wir versuchen, etwas zu erreichen!« 173
Regeln – eine typische Denkbremse 175
»Bremser« identifizieren 177
Wie Sie Ideen gegen Excel-Fetischisten durchsetzen ... 180

6. Das Gesetz der kreativen Inseln:
»Die besten Gedanken kommen in der Abgeschiedenheit« 184
Angeln ohne Köder – Edisons ungewöhnliche Ruhepausen 186

**7. Das Gesetz der kreativen Leidenschaft:
»Ich habe nicht einen Tag meines Lebens gearbeitet.
Es war alles Spaß«** 189
Kreativität macht Spaß – Spaß macht kreativ 191
Sind Sie vielleicht ein Rocker? Finden Sie Ihre
kreativen Leidenschaften 195

Schlusswort: Bleiben Sie kreativ! 200

Literatur 202

Register 204

Einleitung: Sie sind viel kreativer, als Sie glauben

»Genie ist 1 Prozent Inspiration und 99 Prozent Transpiration.«

„GENIE IST EIN PROZENT INSPIRATION..."

»Wow! Eine Glühbirne erfinden, das könnte ich nicht!« Doch, Sie können das. Sie brauchen kein Genie zu sein, Sie tragen alle Anlagen in sich. Sie können heute noch damit anfangen, Ideen zu entwickeln, die Sie selbst zum Staunen bringen. Sie müssen nicht den ganzen Tag auf Geistesblitze warten: Ideenfindung ist ein Handwerk, das Sie erlernen können.

Ideen lassen sich sogar planen: »Eine kleine Erfindung alle zehn Tage, eine große Sache alle sechs Monate«, das war das Ziel von Thomas Edison. Er entwickelte Ideen wie am Fließband. Das können Sie auch.

Das Edison-Prinzip, das Sie in diesem Buch kennen lernen werden, ist nicht irgendeine Kreativtechnik. Es ist die Denkweise von Thomas Edison. Gemessen an der Zahl und der Bedeutung seiner Ideen ist er bis heute der erfolgreichste Erfinder aller Zeiten. Er baute ein Firmenimperium auf, das etwa 30 Unternehmen umfasste. Er hat nicht irgendwelche Dinge erfunden, sondern Dinge, die die Welt veränderten und denen Sie noch heute – mehr als 75 Jahre nach seinem Tod – jeden Tag begegnen. Sie stehen auf und schalten eine Glüh-

„...UND 99 PROZENT TRANSPIRATION."

lampe ein – die bekannteste Entwicklung Edisons. Sie legen eine CD ein oder hören Musik auf Ihrem iPod – Thomas Edison gilt als der Erste, der eine menschliche Stimme aufnahm und damit die Welt begeisterte. Wenn Sie fernsehen, sehen Sie auf einem Nachrichtenkanal einen Lauftext mit Aktienkursen, auf einem anderen läuft ein Spielfilm – beides Erfindungen, die auf Edison zurückgehen. Er erfand den telegrafischen Börsenticker und den Kinematografen, einen Vorläufer der Filmkamera. Sie lassen Ihr Auto an und stoßen schon wieder auf Edison: Der Akkumulator stammt von ihm. Und Sie können an Edison denken, wenn Sie im Büro das nächste Mal ein Kopiergerät benutzen oder ein Fax versenden: Für beide Geräte entwickelt er die Grundlagen. All diese Erfindungen waren kein Zufall. Sie waren das Ergebnis eines einfachen, aber genialen Prinzips.

Ideen sind kein Hexenwerk

»Ich habe nie etwas Wertvolles zufällig getan.
Keine meiner Erfindungen war Zufall.«

Edison hatte einen Weg gefunden, Ideen systematisch zu entwickeln und sie zum Erfolg zu führen. Einen Weg, der erlernbar ist. Edison selbst hat ihn anderen beigebracht. Er war kein einsames Genie, das Dinge vollbrachte, die niemand anders vollbringen konnte. Die meisten seiner Erfindungen entstanden in einer von ihm konstruierten Ideenfabrik, in der er seine Angestellten für sich arbeiten und erfinden ließ. Viele von ihnen kamen, obwohl Edison ihnen schon beim Einstellungsgespräch sagte: »Also: Wir zahlen überhaupt nichts und wir arbeiten immer.« Sie kamen, um von ihm zu lernen, wie man Ideen entwickelt. Er brachte ihnen das bei, was wir heute das Edison-Prinzip nennen. Das Bestechende an seinem Prinzip ist, dass es einfach ist. So einfach, dass Sie beim Lesen häufiger verblüfft sagen werden: »Das gibt es ja nicht! So einfach ist das, neue Ideen zu entwickeln?« Sie werden in diesem Buch erfahren, wie Edison seine größten Erfindungen systematisch entwickelte. Und Sie werden anhand von Beispielen sehen, wie Sie seine Schritte in Ihrem Alltag anwenden können. Sie werden staunen, welche Ideen Sie für ein (scheinbar) langweiliges Produkt wie weiße Wandfarbe entwickeln können. Suchen Sie nach Ideen, mit denen Sie sich selbstständig machen können? Anhand eines Restaurants zeige ich Ihnen, wie Sie mit dem Edison-Prinzip einzigartige Serviceideen entwickeln können. Und falls Sie als Mitarbeiter eines Unternehmens gerade Ideen suchen, wie Sie Ihr Gehalt aufbessern können, möchte ich meinen Beitrag dazu leisten: Sie entwickeln Ideen, wie Sie kreativ zur nächsten Gehaltserhöhung kommen.

Sie müssen kein Einstein sein

Wenn wir an Kreativität denken, sind wir oft geblendet von Halbgöttern wie Einstein oder Michelangelo. Dann denken wir: Das können wir nie! Und genau das blockiert uns. Sie müssen ja nicht gleich heute Abend vor dem Fernseher die Relativitätstheorie auf den Kopf stellen oder Ihr Schlafzimmer in die Sixtinische Kapelle verwandeln. Auch Edison fing nicht gleich mit der Glühbirne an. Aber Sie können heute damit beginnen, sich die Grundlage für Ihre kreativen Erfolge zu schaffen: Die sechs Schritte des Edison-Prinzips, die Sie in diesem Buch kennen lernen werden. Das Faszinierende am Edison-Prinzip ist: Sie können es als Denkhilfe anwenden und in weniger als 20 Minuten schnelle Ideen entwickeln. Sie können es als Grundlage für interne Ideenfindungs-Workshops nutzen, so wie ich es mit meinen Seminarteilnehmern und Kunden tue. Sie können das Edison-Prinzip aber auch nutzen, um den

Ideenfindungsprozess innerhalb eines Unternehmens zu gestalten. Die Systematik der sechs Schritte bleibt immer die gleiche.

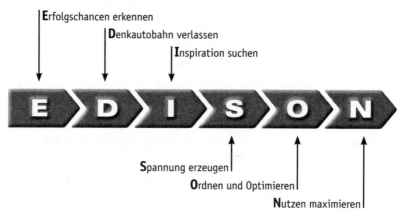

»Du kannst deine Träume nicht verwirklichen, bevor du einen Traum hast, mit dem du beginnst.«

Geistesblitze sind menschlich

Seit über 10 Jahren leite ich Seminare und Workshops zum kreativen Denken. An den Intensivtrainings, in denen ich mit Gruppen bis zu 15 Teilnehmern arbeite, haben mittlerweile über 5 000 Teilnehmer aus unterschiedlichsten Bereichen teilgenommen: MBA-Studenten ebenso wie Mitarbeiter aus Management, PR, Marketing, Produktentwicklung, Personalwesen, ja selbst aus dem Finanzwesen, einem Bereich, dem man Kreativität klassischerweise nicht zuordnen würde. Genauso unterschiedlich wie die Arbeitsbereiche sind auch die Branchen, aus denen die Teilnehmer kamen: Medien, IT, Handel, Maschinenbau, Lebensmittelindustrie, Automobil, Handwerk, Banken. Das Spektrum reichte von der Strategieabteilung der Deutschen Bahn AG über SAP und Microsoft, die Zukunftsforscher von Volkswagen, die

Produktentwickler von Bärenmarke, über Programmchefs und Redaktionen der ARD und die Finanzspitze von Henkel bis zum Verband Garten-, Landschafts- und Sportplatzbau Baden-Württemberg. Egal ob es Vorstände waren, Teamleiter oder Mitarbeiter aus der Produktion: In all diesen Jahren habe ich nicht einen einzigen Teilnehmer kennen gelernt, der nicht in der Lage war, kreativ zu sein.

Ich sage bewusst: »In der Lage war ...« Denn ich habe unzählige Teilnehmer kennen gelernt, die nicht kreativ sind, weil sie in ihrem Kopf feste Denkschablonen haben, nach denen sie ihr Handeln ausrichten. Diese Denkschablonen blockieren Kreativität, weil sie Ihnen die vermeintlich einzige Lösung vorspielen. Und sie sind bequem. Auch Sie benutzen Denkschablonen. Aber Sie können sich von ihnen lösen und kreativ werden. Und zwar ganz schnell. Wetten dass?

Kreativ oder nicht kreativ – Sie haben die Wahl

In einer Stunde steht Ihre Schwiegermutter vor der Tür. Oh Gott! Da muss etwas zu essen her, und zwar schnell! In genau einer Stunde muss etwas auf dem Tisch stehen, das lecker aussieht, köstlich duftet und garantiert schmeckt. Was machen Sie? Beginnen Sie zu experimentieren? Kreieren Sie ein Gericht, von dem Sie weder wissen, wie lange die Zubereitung dauert, noch was am Ende dabei herauskommt? Natürlich nicht. Sie brauchen eine sichere, kalkulierbare Lösung, die hundertprozentig überraschungsfrei ist.

Aber könnten Sie theoretisch etwas Neues probieren? »Ja, natürlich«, denken Sie. »Ich brauche Zeit und Lust, ein paar Anregungen, die passenden Zutaten und ein paar allgemeine Kochtechniken. Ach ja, und dann brauche ich ein Opfer, das sich bereiterklärt, das Ganze am Ende zu essen.« Sie können also kreativ sein. Sie sind es nur nicht, weil Sie bei der Schwiegermutter auf Nummer sicher gehen. Nicht viel anders ist es in Ihrem Job. Sie brauchen eine Situation, in der Sie etwas Neues ausprobieren können, die entsprechende Motivation, die richtigen Inspirationen, das entsprechende Know-how und Menschen, die bereit sind, das Ergebnis zu akzeptieren, auch wenn es ihnen nicht schmeckt.

Für 90 Prozent aller Aufgaben im Job brauchen Sie erprobte, sichere und verlässlich kalkulierbare Lösungen. Doch Achtung! Denkschablonen anwenden kann jeder, also Dinge genau so wiederholen, wie man sie gelernt hat. Das ist der Grund, warum man ganze Fabriken von heute auf morgen in einen anderen Teil der Welt verlegen kann: Weil dort andere Menschen die gleichen Denkschablonen anwenden können. Nur eben billiger. Die anderen zehn Prozent Ihrer Arbeitsaufgaben verlangen das, was Sie unersetzbar und einzigartig macht. Ideen lassen sich nicht standardisieren. Kein Computerprogramm dieser Welt kann Ideen produzieren. Und niemand außer Ihnen kann Ihre Ideen erfolgreich umsetzen. Die 10 Prozent der Aufgaben, bei denen Sie kreativ sind, machen den Unterschied!

Wirtschaft 3.0 – Die kreative Revolution

Fragen Sie mal einen durchschnittlichen Mitarbeiter aus einem durchschnittlichen Unternehmen: »Sind Sie kreativ?« Oder: »Arbeiten Sie in der Kreativwirtschaft?« Was glauben Sie, welche Antwort Sie bekommen?

»Nein, ich bin nicht kreativ, ich schiebe Akten hin und her.«

»Kreativ? Wie bitte? Wir sind ein mittelständischer Fertigungsbetrieb für Kunststoffe, bei uns sind wir nicht kreativ.«

»Kreativwirtschaft? Ich kenne eine kreative Wirtschaft, ansonsten haben wir mit so etwas nichts zu tun. Wir stellen seriöse Produkte für die Medizinbranche her.«

Wer so antwortet, ist nicht auf dem Laufenden. »Kreativität ist die Schlüsselressource der Zukunft«, schreibt das Zukunftsinstitut in seiner Studie *Creative Work. Business der Zukunft*, in der die Forscher den »tiefgreifendsten Wandel der Arbeit seit der industriellen Revolution« beschreiben: den endgültigen Abschied von der Industriegesellschaft und den Weg in die Kreativökonomie. Die *WirtschaftsWoche* hat in einer mehrteiligen Serie die »neue Ära der Kreativität« ausgerufen und die amerikanische *Business Week* schreibt: »Was einst für Unternehmen wichtig war – Preis, Qualität und analytische Arbeit – verlagert sich sehr schnell zu gut ausgebildeten und niedrig bezahlten Unternehmen in China, Indien, Ungarn und Russland. Die Kernkompetenz von Unternehmen ist künftig Kreativität.« Was für Mitarbeiter werden diese Unternehmen brauchen? Kreative. Mitarbeiter, die in der Lage sind, erfolgreiche neue Ideen zu entwickeln.

In den USA beschäftigen sich Wissenschaftler renommierter Business-Schulen seit Jahren mit dem Begriff »Corporate Creativity«, also der Frage, wie Unternehmen kreativer werden können. Ein Lehrgebiet, das in Deutschland noch in den Kinderschuhen steckt. Als ich an der Handelshochschule Leipzig im Herbst 2007 erstmals angehende Manager in dieser neuen Disziplin unterrichtet habe, wurde ich von vielen erstaunt angeguckt: »Was sollen Manager denn mit Kreativität? Sie lernen doch ihre Managementmodelle und Analysen.« Das war das alte Denken. Das neue Denken fordert: Gutes Management ist kreativ!

Vier falsche Wahrheiten über Kreativität

Noch immer wird Kreativität häufig vor allem mit künstlerischem Schaffen, Hollywood und Werbung assoziiert. Daneben entstand ein neues Denken, das maßgeblich von Edisons Ansätzen geprägt wurde. Es entstand unter anderem an der berühmtesten und profiliertesten Universität der USA: der Harvard-Universität. Professor Teresa Amabile, die seit 30 Jahren zu dem Thema forscht, widerlegte bereits 1996 einige typische Missverständnisse über Kreativität:

Missverständnis 1: Kreativität ist eine Eigenschaft bestimmter Persönlichkeiten. Kreativität ist vielmehr ein bestimmtes Verhalten oder führt zu einem neuen Produkt oder einer neuen Idee als dass es die Qualität einer Persönlichkeit beschreibt. (Was bedeuten würde, dass alles, was eine kreative Persönlichkeit tut, automatisch kreativ ist.)

Missverständnis 2: Kreativität gehört vor allem in den Bereich der Kunst. Kreativität ermöglicht neues und zweckdienliches Verhalten in jedem Bereich menschlicher Aktivität. Management, Wissenschaft, Schriftstellerei, Kindererziehung, soziale Interaktion, Malerei – überall finden wir kreatives Verhalten.

Missverständnis 3: Kreativität setzt eine besondere Intelligenz voraus. Sicherlich spielt Intelligenz eine Rolle für die Kreativität, doch die Forschung zeigt, dass es nicht genügt, »schlau« zu sein. Oberhalb eines normalen IQ gibt es keinen klaren Zusammenhang zwischen Intelligenz und Kreativität.

Missverständnis 4: Kreativität ist stets gut. Neues und zielgerichtetes Verhalten kann ebenso zu schlimmen und schrecklichen Dingen führen wie zu guten, verantwortungsvollen und konstruktiven Lösungen.

Sie sind kreativ, wenn Sie kreativ handeln. Wenn Sie neue Ideen entwickeln, das Bestehende infrage stellen, neue Denkansätze produzieren. Sie sind dagegen noch nicht kreativ, nur weil Sie dazu theoretisch in der Lage wären.

»Was du bist, zeigt sich in dem, was du tust.«

Der vermeintlich so langweilige und eingefahrene Buchhalter, der neue und bessere Wege der Datenverarbeitung ersinnt, ist kreativer als der Mitarbeiter einer Werbeagentur, der sich auf den ausgetretenen Pfaden seiner Zunft bewegt.

Selbst Buchhalter können kreativ sein – völlig legal

200 Menschen, bei denen man Kreativität zunächst nicht vermuten würde, durfte ich Ende 2007 auf der Weltfinanzkonferenz eines großen deutschen Konzerns kennen lernen. Ich hielt dort zum Thema »Wie kreativ darf die Finanzabteilung sein?« einen Vortrag. Anschließend diskutierten der Finanzvorstand sowie die Leiter der weltweiten Finanz- und Controllingabteilungen des Konzerns über Kreativität im Finanzwesen. Die Finanzabteilung dieses Unternehmens ist ein kreativer Vulkan im Vergleich zu vielen Werbeagenturen, in denen bewährte Themen mit bewährten Rezepten umgesetzt werden.

Was bitte schön ist kreativ daran, wenn das routiniert retuschierte Foto von einem lächelnden Heidi-Klum-Imitat zu einem Werbeplakat für irgendein Produkt verarbeitet wird? Was bitte schön soll kreativ daran sein, einen austauschbaren Slogan zu entwerfen? Das eine Geschäft wirbt mit »Einfach gut einkaufen«, das nächste mit »Mehr als nur einkaufen«, und die Wahnsinns-Kreativen der dritten Werbeagentur kommen auf …? Richtig: »Besser einkaufen«. Wie viele »kreative« Kampagnen sind einander so ähnlich, dass Sie beim Anblick des Plakats gar nicht wissen, wofür da gerade geworben wird? Lassen Sie sich nicht von der Hülle täuschen! Nur weil etwas oder jemand kreativ aussieht, finden Sie noch lange keine Kreativität. Und umgekehrt heißt das: Nur weil Ihr Job nicht kreativ aussieht, heißt das noch lange nicht, dass er nicht kreativ ist. Oder kreativ sein kann.

Motivation schlägt kreative Fähigkeiten

Es gibt keinen einzigen Job, in dem Sie nicht kreativ sein können. Sie müssen es vor allem wollen. Ja, wollen! Der Wille war die größte Antriebsfeder von Thomas Edison, und selbst Harvard-Wissenschaftler wie Teresa Amabile – die sich traditionell eher vorsichtig ausdrücken – sagen inzwischen: »Kein Fachwissen und keine Kreativmethode kann fehlende Motivation kompensieren. Aber bis zu einem gewissen Maß kann Motivation ein Defizit an Fachwissen und an kreativen Fähigkeiten ausgleichen.«

»Die drei wichtigsten Dinge, um Wertvolles zu erreichen, sind: harte Arbeit, Ausdauer und gesunder Menschenverstand.«

An der Harvard-Universität wurde Kreativität mittlerweile radikal neu definiert. Weg vom alten Denken, wonach Ideen das Luxusgut einer kleinen begnadeten Elite sind. Für Teresa Amabile entsteht Kreativität aus drei Quellen: Fachwissen, kreativen Fähigkeiten und Motivation. Ohne Fachwissen geht es nicht oder nur in den seltensten Fällen. »Eine Idee setzt sich aus verschiedenen Elementen und verschiedenen Teilen von Erfahrungen zusammen, um etwas Neues zu erschaffen«, sagt der Brite Edward de Bono, einer der führenden Lehrer für kreatives Denken, in der ARTE-Dokumentation *Die Invasion der Ideen*. Das bedeutet, dass da etwas an Erfahrung vorhanden sein muss. Ansonsten ist Ihr Kopf mit einer Software vergleichbar, die auf einer leeren Festplatte Analysen betreiben soll. Wo nichts ist, kann auch nichts entstehen.

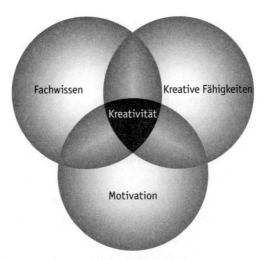

Quelle: Teresa Amabile, *Creativity and Innovation in Organizations* (Harvard Business School Note 396–239).

»Das Gehirn kann genauso trainiert werden wie ein Muskel.«

Doch Fachwissen alleine macht Sie noch nicht kreativ. Es muss durch kreative Fähigkeiten ergänzt werden: beispielsweise die Fähigkeit, Probleme zu erkennen und aus verschiedenen Perspektiven zu betrachten, unterschiedlichste Wissensgebiete miteinander zu vernetzen, assoziatives Denken und ein gewisses Abstraktionsvermögen, also die Fähigkeit, Muster zu erkennen. Die dritte und wichtigste Voraussetzung allerdings ist Motivation. Selbst wenn Sie sich mit einem Kollegen vergleichen, von dem Sie denken, er sei hoch kreativ, könnten Sie im Ergebnis kreativer sein als er. Dann nämlich, wenn er theoretisch neue Ideen entwickeln könnte, aber nichts tut, Sie jedoch die Sache anpacken und neue Ideen entwickeln. Vielleicht haben Sie diesen Kommentar schon einmal gehört: »Das hätte ich auch gekonnt!« Oder vielleicht sind Sie schon einmal jemandem begegnet, der meinte: »Die Geschichte von Harry Potter ist so banal, da hätte jeder draufkommen können.« Nun, wenn es so einfach ist, warum hat der- oder diejenige die Idee nicht gehabt oder einfach mal schnell einen Harry-Potter-Band geschrieben? Weil das Entscheidende fehlte: die Motivation.

Nicht jeder Clown ist lustig – und nicht jeder Kreative hat Ideen

In einer sogenannten »Kreativbranche« wie den Medien erleben Sie häufig ein Dilemma: hochbegabte Menschen, die über fantastische kreative Fähigkeiten verfügen, jedoch so sprunghaft sind, dass sie es nicht schaffen, Ideen diszipliniert und kontinuierlich zu entwickeln. Einer dieser Menschen ist ein im Prinzip begabter Comedy-Autor, der von seiner Anlage her zu den besten in Deutschland zählen könnte. Doch er ist so sprunghaft, dass er jede Idee, die er hat, gleich wieder verwirft und eine andere besser findet. Als Programmdirektor beim Radio habe ich einmal versucht, mit ihm eine Comedy-Serie zu produzieren. Es war eine Katastrophe! Am ersten Tag startete er voller Elan, am zweiten ging es gerade noch, am dritten hatte er eine komplett andere Idee. Diese Menschen haben viele Ideen, führen aber niemals eine wirklich zum Erfolg.

Sie können kreativer sein, auch wenn Sie nur über ein Zehntel an kreativen Fähigkeiten verfügen. All das können Sie von Thomas Edison lernen. Für ihn hatte Kreativität nichts mit Träumerei oder Genie zu tun, sondern war in erster Linie eine Mischung aus harter Arbeit und zielgerichtetem Denken.

»Ich habe mehr Respekt vor jemandem mit nur einer Idee, der sie umsetzt, als vor dem mit tausend Ideen, der nichts tut.«

Der »Zauberer«, wie die Medien Edison nannten, hat früh in seiner Karriere erkannt, dass kreative Einfälle alleine nicht genügen. Im Gegenteil: Kreativität ist zunächst einmal eine nutzlose Fähigkeit. Ein kreativer Mensch ist nicht automatisch ein erfolgreicher Mensch. Und ein Unternehmen, das stolz auf seine kreative Kultur ist, ist nicht automatisch erfolgreicher als ein konservatives Unternehmen mit starrer Hierarchie. Erfolgreich ist nur, wer seine kreativen Fähigkeiten aktiv und zielgerichtet einsetzen kann.

EDISON: Ideen entwickeln mit System

1868 machte der junge Thomas Edison seine erste Erfindung: Ein Gerät, das die Stimmen von Abgeordneten bei Parlamentsabstimmungen automatisch zählte. Kurz vor seinem Tod 1931 züchtete er in Fort Myers Pflanzen, aus denen er Gummi gewann. Dazwischen lagen unzählige andere Ideen, darunter viele, die er nicht einmal zum Patent anmeldete. Was bei all seinen Erfindungen auffällt: Der Erfinder folgte stets der gleichen Systematik: dem Edison-Prinzip. Sechs Schritte, die zu allen Erfindungen führten und die Sie nutzen können, um systematisch neue Ideen zu finden und sie zu Konzepten weiterzuentwickeln.

ERFOLGSCHANCEN ERKENNEN	→	Edison erkannte Chancen, für die andere blind waren.
DENKAUTOBAHN VERLASSEN	→	Edison definierte Probleme anders und fand neue Wege.
INSPIRATIONEN SUCHEN	→	Edison blickte über den Tellerrand – aber gezielt!
SPANNUNG ERZEUGEN	→	Edison hatte eine eigene Denktechnik, um Ideenfunken zu erzeugen.
ORDNEN UND OPTIMIEREN	→	Edison suchte, bis er das perfekte Konzept hatte.
NUTZEN MAXIMIEREN	→	Edison war ein Meister der Ideenvermarktung.

Die sechs Schritte des Edison-Prinzips bauen logisch aufeinander auf, was der Kern seines Erfolges war: Keine Kreativtechnik der Welt kann Ihnen neue Ideen bringen, wenn Sie die richtigen Chancen nicht sehen oder das Problem immer von der gleichen Seite angehen. Und keine Idee kann erfolgreich sein, wenn sie nicht genauso kreativ umgesetzt und dem Umfeld angepasst wird, für das sie gedacht ist.

Um diesen Kern von sechs Schritten herum gab es eine Reihe von Faktoren, die Edisons zweites Erfolgsgeheimnis waren: So wie er für seine Erfindungen ein Gesamtverständnis entwickelte, entwickelte er auch ein Gesamtverständnis für Kreativität.

Das Umfeld macht's: von der Amtsstube zur Ideenfabrik

Ideensuche ist mehr als nur eine Frage der Technik, auf die das Thema in vielen Unternehmen häufig reduziert wird. Der Rahmen, den Edison für Kreativität geschaffen hat, ist bis heute vorbildlich. Er verstand es,

- sich selbst und andere zu kreativen Spitzenleistungen zu bringen, indem er eine harte Ideenquote verordnete;
- Kreativität und kreatives Schaffen in seiner Ideenfabrik so zu organisieren, dass er kontinuierlich Neues entwickeln konnte;
- ein kreatives Umfeld zu schaffen, in dem Fehler nicht nur erlaubt, sondern ausdrücklich erwünscht waren, und
- eine kreativ-verrückte Arbeitskultur zu schaffen, in der nächtliche Männerchöre genauso zum Alltag gehörten wie der Shuttle-Service zum Angelteich mit einer Elektrolokomotive.

Sie werden in diesem Buch nicht nur die Technik, sondern auch den Rahmen kennen lernen, den Edison schuf. Und Sie werden erfahren, wie Sie diesen Rahmen auf Ihre eigene Situation übertragen können. Thomas Edison hat Kreativität als Handwerk definiert und das ist es auch. Nicht mehr, aber auch nicht weniger. In diesem Buch werde ich Ihnen die Arbeitsmittel vorstellen, die Sie benötigen, um ein exzellenter Handwerker oder eine exzellente Handwerkerin zu werden. Das Edison-Prinzip zeigt Ihnen, wie Sie geniale Ideen entwickeln und Ihre Kreativität so einsetzen können, dass sie Sie erfolgreich macht. Es wird Sie motivieren, aus Ihren bekannten Denkmustern auszubrechen und Neues zu probieren. Sie werden den Mut gewinnen, auch an ungewöhnliche Ideen zu glauben. Sie können Ihr Umfeld, Ihr Unternehmen oder Ihre Abteilung zur Keimzelle neuer Ideen machen. Und Sie werden erfahren, dass Kreativität Spaß macht. Wie viele Menschen kennen Sie, die von sich sagen, sie hätten nie gearbeitet, sondern nur Spaß gehabt?

>»Ich habe nicht eine Sekunde meines Lebens gearbeitet. Es war alles Spaß.«

Edison hatte Spaß! Kreativ zu sein macht Spaß! Und Sie werden Spaß haben. Ich wünsche Ihnen, dass dieses Buch dazu beiträgt, dass Sie Ihr kreatives Potenzial nicht nur entdecken und ausschöpfen, sondern – nach Thomas Edison – sagen können: »Ich arbeite nicht eine Sekunde. Es ist alles Spaß!«

Teil 1.

**EDISON –
Sechs Schritte zur
erfolgreichen Idee**

Schnelleinstieg:
Wie man eine Glühbirne erfindet

Die Ziele dieses Kapitels

- Sie erfahren, wie Edison die Glühbirne erfand: als geplanten Geistesblitz.
- Sie lernen die Systematik des Edison-Prinzips kennen.
- Sie erhalten einen ersten Überblick über den Weg zur erfolgreichen Idee.

»So? Ich soll also in der Lage sein, Erfindungen wie die Glühbirne zu machen?« Das habe ich Ihnen ganz zu Beginn des Buchs versprochen. Ein großes Versprechen, das weiß ich. In diesem Schnelleinstieg werde ich Ihnen deshalb zunächst einmal kompakt die Systematik des Edison-Prinzips vorstellen. Sie werden erfahren, warum Edison die Glühbirne entwickelte, wie er seine Geistesblitze plante und warum er als der Erfinder der Glühbirne gilt, obwohl es die Glühbirne doch schon lange gab. Sie werden die Systematik von Edisons sechs Schritten kennen lernen und sehen, dass sich erfolgreiche Ideen wirklich planen lassen. In den folgenden Kapiteln werden Sie dann anhand von nachvollziehbaren Beispielen aus Ihrem Lebensumfeld lernen, die sechs Schritte anzuwenden.

Das Geheimnis des Geistesblitzes

Vielleicht kennen Sie dieses Gefühl, eine gute Idee zu haben. Gerade noch war es früh am Morgen, der Wecker hat Sie brutal aus dem Schlaf gerissen, Sie taumeln mit halb geöffneten Augen in Richtung Kaffeemaschine und plötzlich – von einer Sekunde auf die andere – sind Sie hellwach: Es durchzuckt Sie, ein Lächeln kommt auf Ihre Lippen und – zack! – da ist sie: Ihre Idee. Sie brauchen keinen Kaffee mehr. Das, was da gerade in Ihrem Kopf passiert, belebt Sie mehr als eine Tonne Koffeintabletten. Ihre Gedanken beginnen zu sprudeln: noch eine Idee. Und noch eine. Diese Momente sind einzigartig. Sie machen glücklich. Ideen zu haben, kann wie ein Rausch sein.

Aber kennen Sie auch dieses Gefühl? Sie stehen unter der Dusche, Sie frühstücken, Sie starren auf die Kaffeemaschine und warten. Warten. Und warten. Doch der Geistesblitz will nicht kommen. Und Sie fragen sich: Was ist heute nur mit mir los? Nichts. Sie haben nur die notwendige Vorarbeit nicht geleistet. Geistesblitze kommen nicht einfach so. Sie sind das Ergebnis eines Denkprozesses, der – mal mehr und mal weniger strukturiert – im Kopf abläuft und sich langsam, ganz langsam, zu einer Idee formt.

Egal in welchem Bereich, ob in der Musik, im Kopf von Albert Einstein, an Ihrem Arbeitsplatz, zu Hause in der Küche oder im Erfindungslabor von Thomas Edison: Ein Geistesblitz ist die Geburt einer Idee. Aber eben nur die Geburt. Der kleine Ideensäugling ist nicht einfach so aus dem Kopf seines Schöpfers oder seiner Schöpferin gefallen. Wie bei einem Baby gibt es bei einer Idee die Embryonalphase, in der sie entsteht, aber noch nicht im Geringsten als solche zu erkennen ist. Der Embryo wächst, wenn er genährt wird; immer mehr Details werden erkennbar. Bis er irgendwann groß genug ist, um geboren zu werden.

Wolfgang Amadeus Mozart ist sein kreativer Musikstil nicht einfach so zugefallen. In einem Brief bekannte er, dass er so ziemlich »alle art und styl von Compositions annehmen und nachahmen« könne. Nur die Tatsache, dass er kontinuierlich neue Stile gesucht und erlernt hat, machte es ihm schließlich möglich, etwas Eigenes zu entwickeln. Das Gleiche lesen Sie in der Biografie von Eric Clapton: Zunächst lernte er, die Stile seiner Idole auf der Gitarre nachzuspielen. Erst dann entwickelte er daraus seinen typischen Sound, der ihm den Ruf »Clapton is God« einbrachte. Albert Einstein ist seine Formel $E = mc^2$ nicht zufällig in den Kopf geschossen. Der Legende nach kam ihm zwar der Geistesblitz, der ihn schließlich zur speziellen Relativitätstheorie führen sollte, während einer Zugfahrt von Ulm nach Stuttgart, doch er hatte sich bereits jahrelang mit dem Thema beschäftigt.

Die Glühbirne: der geplante Geistesblitz

Auch der entscheidende Durchbruch Edisons bei der Entwicklung der Glühbirne war ein Geistesblitz. Allerdings ein geplanter.

Genauer gesagt waren es Tausende von kleinen Geistesblitzen, die in ihrer Summe zum Erfolg führten. Mit dem Edison-Prinzip hat es Thomas Edison geschafft, die natürliche Entstehung einer Idee in einen planbaren Prozess zu formen.

Er wusste, dass die Idee in seinem Kopf irgendwann Gestalt annehmen würde, wenn er sich Schritt für Schritt auf sie zubewegte. Seine größte Erfindung ist in Anlehnung an die Redewendung, dass einem »ein Licht aufgeht«, zum Symbol von Kreativität und kreativem Schaffen geworden. Sie

finden kaum ein Buch über Kreativität, in dem nicht irgendwo eine Glühbirne abgebildet ist, kaum eine Internetseite über Kreativität, auf der nicht irgendwo eine Glühbirne auftaucht. Die Glühbirne zeigt uns, dass uns das Licht einer Idee aufgehen kann, wenn wir sie nach einem bestimmten System entwickeln.

»Erfolg hat nur, wer etwas tut,
während er auf den Erfolg wartet.«

	Was Edison tat	Was Sie daraus lernen werden
E	Erfolgschancen erkennen: Edison suchte förmlich nach Problemen, die er lösen konnte. Diese Probleme betrachtete er als Chance, um neue Ideen zu entwickeln.	Momentan laufen Sie an tausend Chancen täglich vorbei. Sehen Sie die Welt mit dem »Edison-Blick«: Alltägliche Beobachtungen werden zum Startpunkt Ihrer Kreativität.
D	Denkautobahn verlassen: Edison fand unzählige Wege, um sich einem Problem zu nähern, und kam auf Ideen, wo andere steckenblieben. Diese ungewöhnlichen Denkansätze brachten bei vielen seiner Erfindungen den Durchbruch.	Trainieren Sie, gewohnte Denkweisen bewusst infrage zu stellen und Probleme aus verschiedensten Perspektiven zu betrachten. Diese Umwege dauern nicht lange: In ihrer kürzesten Form nur fünf Minuten. Hoch effektiv!
I	Inspirationen suchen: Edison unternahm Reisen und pflegte ein Netzwerk aus Kreativen, das ihn auf neue Ideen brachte. Er fand einen Weg, aus seiner eigenen Arbeit neue Inspirationen zu ziehen.	Kreativität braucht Inspirationen. Allerdings nicht irgendwelche, sondern gezielte. Sie werden einen Weg kennen lernen, mit dem Sie sich für Ihre Ideen die richtigen Inspirationen holen.
S	Spannung erzeugen: Edison war ein großer Verfechter davon, Dinge einfach auszuprobieren, Regeln zu brechen, Fehler zu machen, daraus zu lernen und wieder von vorne anzufangen. Eine Mischung aus kreativem Chaos und strukturiertem Vorgehen.	Lassen Sie es in Ihrem Kopf funken! Sammeln Sie neue Ideen mit Edisons erfolgreichster Denktechnik: dem kaleidoskopischen Denken. Diese freie Art zu denken wird Sie auf unzählige neue Ideen bringen.

O	Ordnen und optimieren: Edison beließ es nicht bei einer Idee. Er entwickelte eine Vielzahl von Konzeptskizzen, aus denen er die beste auswählte. Und dann optimierte er seine Ideen so lange, bis sie perfekt waren. So schaffte er den schwierigen Sprung von der Idee zur Umsetzung.	Sie werden eine Methode kennen lernen, mit der Sie Ihre Ideen zu Gesamtkonzepten weiterentwickeln. Bis zu diesem Schritt muss Ihre Idee übrigens nicht perfekt sein. Das nimmt Ihnen den Druck, gleich von Anfang an die perfekte Idee zu suchen. Denn das blockiert Sie.
N	Nutzen maximieren: Edison wusste, dass eine Idee alleine nutzlos ist. Eine Idee braucht das richtige Umfeld und die richtige Vermarktung. Darin war Edison genauso kreativ wie in seinen Erfindungen. Seine Präsentationen auf Messen wurden als »Wunder der ganzen Ausstellung« gefeiert.	Lernen Sie, Ihre Ideen richtig zu vermarkten und durchzusetzen. Verhindern Sie, dass Ihre Ideen scheitern, weil sie schlecht umgesetzt sind, auf das falsche Umfeld treffen oder schlichtweg zum falschen Zeitpunkt kommen. Dieser sechste Schritt ist der, der über Erfolg oder Misserfolg Ihrer Ideen entscheidet!

Am Beispiel der Glühlampe werden Sie die Praxis der sechs Schritte jetzt kennen lernen. Sie werden sehen, wie Thomas Edison sie nutzte, um nicht wahllos immer wieder neue Ideen zu generieren, sondern Ideen systematisch zum Erfolg zu führen.

Erfolgschancen erkennen: Warum Edison das Licht aufging

»Die meisten Menschen verpassen Chancen.«

Warum hat Thomas Edison eigentlich die Glühbirne erfunden? Einfach so? Aus kreativer Leidenschaft? Weil er gerade nichts Besseres zu tun hatte? Weil er unter der Dusche stand, sich mit heißem Wasser verbrühte und damit einen kreativen Kurzschluss im Kopf verursachte? Nein. Dann wäre die Glühbirne ein Zufallserfolg gewesen. Und das war ganz und gar nicht sein Stil. Edison erfand nur Dinge, die von vornherein Erfolg versprachen. Der erste Schritt einer jeden Erfindung war: Erfolgschancen suchen. Er dachte zuerst über den Nutzen nach, den seine späteren Erfindungen bringen würden, dann begann er zu erfinden. Edison erkannte, dass elektrisches Licht preiswerter und vor allem sicherer war als die damals vorherrschenden Gas- und Kerzenleuchter. Seine Glühbirne war in erster Linie eine Problemlösung.

»Ich werde das elektrische Licht so preiswert machen, dass es sich nur Reiche leisten können, Kerzen anzuzünden.«

Wären die Menschen mit Gaslicht und Kerzen hundertprozentig zufrieden gewesen, hätte sich Edison nicht an die Erfindung der Glühbirne gemacht. Außerdem war der Zeitpunkt richtig: In den Städten hatten die ersten elektrischen Bogenlampen gerade das Gaslicht abgelöst. Der Trend zur Elektrifizierung hatte gerade eingesetzt. Edison machte nie ein Geheimnis daraus, dass er sich vor allem als kommerzieller Erfinder sah, der *nützliche* Dinge erfinden wollte. Er wollte nicht als verarmter Erfinder oder als verkanntes Genie sterben.

Parallel arbeitete er an der Weiterentwicklung des Telefons. Eigentlich hatte Alexander Graham Bell das Gerät erfunden, doch es war schlecht. Die Übertragungsqualität war eine reine Katastrophe. Liebesgesäusel am Telefon hätte sich damals so angehört:

»Ich liebe deine Stimme.«
»Lauter!!!«
»Ich liebe deine Stiiimmmmme!!!!!!!!«
»Was ist mit Inge???«
»Nein! Liiiieeeebe!!!!!!!!!«
»Diebe???«

In der Schwäche des Telefons erkannte Edison seine Chance: Ihm war schnell klar, dass gegenseitiges Anschreien am Telefon keine

Grundlage für einen dauerhaften Erfolg war, und er machte sich daran, das Mikrofon komplett zu verbessern.

> **Tipp:** Chancen zu erkennen, die andere nicht sehen – das ist der erste Schlüssel zu mehr Kreativität. Je mehr Chancen Sie zu Beginn sehen, desto mehr Wege werden Sie zu neuen Ideen finden. Und je mehr Wege Sie finden, desto mehr Ideen können Sie entwickeln.

Denkautobahn verlassen: Edisons kreative Umwege

Wenn Sie zum Arzt gehen und Rückenschmerzen haben, gibt es zwei Möglichkeiten: Doktor Faul gibt Ihnen eine Spritze und schickt Sie zur Massage. Doktor Gründlich erstellt eine genaue Diagnose, indem er zunächst einmal alle nur erdenklichen Ursachen erforscht: Fehlbelastungen, Bandscheibenprobleme, Stoffwechsel, Nierenerkrankungen, Probleme mit der Bauchspeicheldrüse, ja selbst Zahnerkrankungen können Auslöser für Ihre Rückenschmerzen sein. Doktor Faul bewegt sich auf der Denkautobahn. Er hat eine Standardlösung für jedes Problem. Doktor Gründlich hingegen sucht nach verschiedensten Wegen, das Problem anzugehen.

> »Wenn das einzige Werkzeug, das Sie haben, ein Hammer ist, dann neigen Sie dazu, jedes Problem für einen Nagel zu halten.«
> *Abraham Maslow, Mitbegründer*
> *der humanistischen Psychologie*

Warum schaffte Thomas Edison bei der Glühbirne den Durchbruch? Und warum fand er dort Lösungen, wo 20 andere Forscher versagt hatten? Edison war Doktor Gründlich. Mehr noch: Dok-

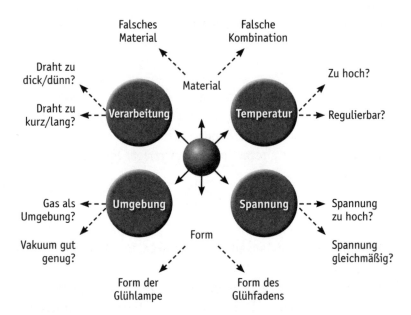

tor Extragründlich. Auf der Suche nach möglichen Lösungswegen begann er, Probleme zunächst einmal von allen nur erdenklichen Seiten zu erforschen. Der Glühfaden brennt nicht lange genug? Es könnte das falsche Material sein. Vielleicht aber auch das richtige Material falsch verarbeitet. Das richtige Material, aber eine falsche Umgebung. Oder war die Windung des Materials das Problem? Vielleicht aber auch etwas ganz anderes: die Form der Lampe?

Durch seine exakte Diagnose fand Edison heraus, dass eine Glühlampe ein nahezu perfektes Vakuum braucht. Dummerweise gab es keine Vakuumpumpen, die gut genug waren. Also entwickelte er sie.

Tipp: Eine gründliche Diagnose gleich zu Beginn der Ideensuche bringt Sie binnen kürzester Zeit auf eine Vielzahl potenzieller neuer Lösungswege. »Das dauert mir zu lange«, mögen Sie jetzt denken. Von wegen! In vielen Fällen brauchen Sie nicht länger als fünf Minuten, um die üblichen Wege zu verlassen. Im Kapitel »Denkautobahn verlassen« werden Sie dazu Techniken kennen lernen, die Sie jederzeit und überall nutzen können.

Inspirationen suchen: Wie aus dem Telefonhörer eine Glühbirne wurde

»Seien Sie immer auf der Suche nach Ideen, die andere erfolgreich genutzt haben. Ihre Idee muss nur in Bezug auf das zu lösende Problem neu sein.«

Für die Glühlampe hatte Edison viele Tausend Versuche durchgeführt. Ohne Ergebnis. Der richtige Glühfaden war einfach nicht zu finden. Was dann passierte, ist fast nicht zu glauben – aber wahr! Edison war gerade dabei, das Telefon von Alexander Graham Bell zu verbessern und nutzte dabei Kohle als Grundmaterial. Und plötzlich kam ihm die Idee, das gleiche Material, das im Telefonhörer funktionierte, woanders auszuprobieren.

Thomas Alva Edison Beispiel

Edison dachte darüber nach, ob er bei der Glühbirne irgendetwas übersehen hatte. Dabei rollte er gedankenverloren das Material aus dem Telefonhörer zwischen seinen Fingern, bis daraus ein Faden wurde. Plötzlich kam ihm die Idee: Was beim Telefon funktionierte, könnte vielleicht auch in der Glühbirne funktionieren. Sofort begann er mit dem Experiment. Ein paar Minuten später war klar: Er hatte das richtige Material gefunden! Das Telefon hatte die lange gesuchte Inspiration geliefert.

Edison suchte ständig nach Inspirationen. Und nach Ideen, die woanders funktionierten. Warum das Rad neu erfinden, wenn es woanders schon eine Lösung gibt? Sehen, was vorhanden ist,

Analogien in anderen Gebieten suchen und dieses Wissen dann übertragen. Edison ging immer vom Bekannten aus. »Von Anfang an nutzte er Analogien zu bekannten Geräten, elektrischen Wirkungsweisen oder chemischen Effekten, um mit neuen Technologien umzugehen oder um in ein unbekanntes Forschungsgebiet vorzudringen«, schreibt Biograf Paul Israel.

Beispiel *Thomas Alva Edison*

Als Edison begann, das Stromsystem für die Verbreitung der Glühlampe zu entwickeln, orientierte er sich an Wasserleitungen. Und konstruierte alles genau so, wie er es von der Wasserverteilung her kannte: Leitungen, Schalter, Messgeräte und so weiter. Ein perfektes Beispiel für gelungene Inspirationen.

Tipp: Die meisten von uns haben mehrere Projekte oder Aufgaben auf einmal zu betreuen. Sorgen Sie dafür, dass es möglichst verschiedenartige Projekte sind. Versuchen Sie, mit möglichst vielen Fachgebieten in Berührung zu kommen. Tun Sie Dinge, die Sie noch nie getan haben. So machen Sie Erfahrungen, die Sie im Kopf miteinander vernetzen können. Das stärkt Ihre Kreativität enorm!

Spannung erzeugen: Das kreative Gewitter

»Glück ist, was passiert, wenn Gelegenheit auf gute Vorbereitung trifft.«

Die Formel für neue Ideen ist im Kern ganz einfach: Ausgangsfrage plus Inspiration gleich Idee. Sie nehmen Ihr Ausgangsproblem, stellen Fragen, um es auf vielfältige Art und Weise anzugehen, sammeln Inspirationen und kombinieren das Ganze miteinander.

Nicht viel anders hat Thomas Edison seine Erfindungen gemacht. Ständig wurden Dinge auseinandergenommen, Wege erkundet, die noch nicht beschritten wurden, und Inspirationen gesammelt. Das Ganze wurde dann anders und neu wieder zusammengesetzt. Die Glühlampe war so eine Kombinationsidee, die auf eine fast schon spielerische Art und Weise zustande gekommen ist. Das erste Mal experimentierten Edison und seine Assistenten 1877 mit Lampen herum: Sie probierten Kohle als Glühfaden aus, nahmen Bor und Silizium, versuchten ein Vakuum herzustellen, aber egal, was sie taten, nach ein paar Minuten scheiterten sie. Sie unterbrachen die Versuche. Ein Jahr später begannen sie mit neuen Experimenten: Sie suchten nach neuen Inspirationen und kombinierten sie. Jetzt veränderten sie die Spannung, die Form des Glühfadens, die Form der Glühlampe, sie arbeiteten an einem besseren Vakuum, sie versuchten, die Temperatur in der Lampe zu kontrollieren, und sie suchten nach neuen Materialien. Als sie mit Platin Erfolg hatten, suchten sie auf der ganzen Welt nach Platinvorkommen und stellten fest, dass es nicht genügend davon gab. Also weiter!

»Wir kennen jetzt tausend Wege, wie man keine Glühbirne baut.«

Irgendwann – das haben Sie gerade erfahren – nahm Edison das Material, mit dem er gerade den Durchbruch beim Mikrofon fürs Telefon geschafft hatte. Und siehe da: es funktionierte. Diese Arbeitsweise war typisch für ihn. Ausprobieren, testen, experimentieren. Bis die Idee da war. Edisons spielerische Art der Ideenfindung ist einfach, produktiv und macht nebenbei auch noch viel Spaß. Dazu benötigen Sie eine Denktechnik, die Sie im Kapitel »Spannung erzeugen« kennen lernen werden: das kaleidoskopische Denken. Mit dieser Denktechnik setzen Sie Dinge immer wieder neu und wieder anders zusammen. Und kommen so auf Hunderte von neuen Ideen.

Ordnen und optimieren – warum eine Idee alleine wertlos ist

Ohne ein Konzept und eine Strategie für die Umsetzung ist die beste Idee wertlos. Sie können Sie gleich wieder wegwerfen! In diesem Buch werden Sie noch ausführlich den größten Fehler kennen lernen, den selbst große Unternehmen, die ganze Innovationsabteilungen unterhalten, immer wieder machen: Sie vergessen, eine Idee so lange zu optimieren, bis das Gesamtkonzept Erfolg verspricht. Den gleichen Fehler hat auch Heinrich Goebel gemacht, ein Feinmechaniker aus Hannover, der 1848 nach New York ausgewandert war. Strenggenommen hat er die Glühbirne erfunden. 1854 schaffte er es, die erste dauerhaft brennende Glühlampe herzustellen, mit der er das Schaufenster seines Geschäfts beleuchtete. Historiker streiten sich zwar heute, ob dieses leuchtende Etwas bereits als Glühbirne bezeichnet werden kann oder nur ein Vorläufer war. Aber dieser Streit ist eher theoretischer Natur. Ob ausgereift oder nicht, Goebels Glühlampe blieb ohnehin nur eine technische Kuriosität. Durchgesetzt hat sie sich nie. Warum? Ich nenne es in meinen Seminaren stets das »Goebel-Dilemma«.

Das Goebel-Dilemma: Wenn dem Geistesblitz der Saft ausgeht

Heinrich Goebel hatte eine wichtige Bedingung übersehen: Die beste Glühbirne ist wertlos, wenn es keinen Strom gibt. Wer die Goebel-Lampe zum Leuchten bringen wollte, brauchte Batterien. Die waren damals unzuverlässig und schwer. Jetzt mal ehrlich: Würden Sie Batterien die Treppe raufschleppen, wenn Sie in Ihrer Wohnung Gaslicht hätten und es einfach nur anzünden müssten?

Edison dachte von vornherein an das gesamte System. Er entwickelte Kraftwerke, Leitungen, Schalter, Sicherungen sowie Messgeräte und organisierte das sinnvolle Ganze. Gerade die Messgeräte waren besonders wichtig: Irgendjemand will mit der Glühbirne schließlich Geld verdienen. Und dazu muss der Verbrauch abgerechnet werden. Eine Idee, die Heinrich Goebel niemals gekommen war.

Goebels Glühbirne war wertlos **Edisons System machte sie wertvoll**

Tipp: Gewöhnen Sie sich an, jede Idee als Teil eines Systems zu betrachten, in dem es eine Reihe von Faktoren gibt, die alle miteinander zusammenhängen. Jede noch so gute Idee ist wertlos, wenn Sie auf halbem Wege stehen bleiben, sie nicht perfektionieren und nicht von vornherein daran denken, wie sie später umgesetzt werden soll! Das ist übrigens nicht nur der Fall, wenn Sie ein Unternehmen gründen oder ein Produkt auf den Markt bringen wollen, sondern auch, wenn Sie in einem Unternehmen arbeiten und Ihrem Chef eine Idee vorschlagen.

Nutzen maximieren: die Inszenierung der Glühbirne

Was nützt Ihnen die genialste Idee, wenn niemand erkennt, wie genial sie ist? Was bringt Ihnen die richtige Idee am falschen Ort? Oder zur falschen Zeit? Ideen sind nicht einfach so erfolgreich: Sie brauchen das richtige Marketing und das richtige Umfeld. Eine mittelmäßige Idee, die genial verkauft wird, schlägt immer eine geniale Idee, die mittelmäßig verkauft wird. Und eine mittelmäßige Idee am richtigen Ort schlägt immer eine geniale Idee am falschen Ort. Von Thomas Edison können Sie nicht nur lernen, wie Sie Ideen entwickeln, sondern vor allem auch, wie Sie den maximalen Nutzen aus Ihren Ideen herausholen können. Edison war ein Marketinggenie und ein kluger PR-Experte in eigener Sache. In einer Sekunde war er tief in elektrotechnische Problemlösungen verstrickt, in der nächsten schaltete er um und war der »Zauberer von Menlo Park«, wie ihn die Presse nannte. Er schaffte es nicht nur, Dinge zu erfinden, sondern vor allem, die Öffentlichkeit für seine Ideen zu begeistern.

Beispiel *Thomas Alva Edison*

Noch bevor seine Glühbirne wirklich länger als ein paar Minuten brannte, organisierte er eine groß angelegte PR-Kampagne, in der es hieß, die Glühbirne sei so gut wie erfunden. Die Vorstellung der Glühbirne ein Jahr später war ein perfektes Spektakel mit über 3 000 Schaulustigen. Und um die Glühlampe bekannt zu machen, veranstaltete er Umzüge durch New York: Menschen, die mit leuchtenden Lampenketten durch Manhattan marschierten. Warum tat Edison das? Weil er wusste: Es genügt nicht, Menschen eine Idee zu erklären. Die meisten können sich Neues nicht vorstellen (siehe auch Kapitel »Das Gesetz der kreativen Vision«). Sie müssen Ideen erlebbar machen.

Edison war nicht nur im Labor kreativ. Sein Marketing war genauso innovativ wie seine Erfindungen: Nachdem er den Phonographen erfunden hatte, schleppte er das Gerät persönlich in die Redaktion eines Wissenschaftsmagazins. Und um für seine Filmkamera zu werben, baute er ein eigenes Filmstudio auf, in dem er den ersten Skandalfilm der Geschichte produzierte, der einen Kuss auf Zelluloid bannte.

Edison wusste: Ideen brauchen die richtige Inszenierung. Und er wusste, wie man Ideen umsetzt, auch wenn die Umstände scheinbar dagegen sprechen. Von Thomas Edison können Sie lernen,

- Ihre Ideen plakativ und überzeugend zu formulieren, den Nutzen herauszustellen und Begeisterung zu wecken,
- Ihre Ideen in der Firma gegen die Zweifler durchzusetzen und
- als Selbstständige beziehungsweise Selbstständiger für Ihr Unternehmen mit viel Kreativität eine Erfolgsgeschichte zu schreiben.

Und das Ganze wieder von vorne: der Zyklus der sechs Schritte

Edison wandte seine sechs Schritte immer wieder an. Wenn er mit der Idee fertig war, begann er von vorne. Wo sind die Schwächen der Erfindung? Wo gibt es Chancen für Verbesserungen? Niemals stehenbleiben! Das war seine Devise.

In seiner Biografie lesen Sie, dass die erste kommerziell nutzbare Glühlampe 1879 erfunden wurde. Das stimmt nur halb. Richtig ist, dass das Patent für die Kohlefadenglühlampe in diesem Jahr erteilt wurde und dass Edison seine Glühlampe Ende 1879 präsentierte. Doch für ihn war das nur ein Zwischenschritt. Aus seiner Sicht war die Glühlampe zwar patentiert, aber noch lange nicht zu Ende erfunden. Das Edison-Museum in Fort Myers in Florida, wo Edison die Wintermonate verbrachte, dokumentiert die Rastlosigkeit des Erfinders: Dort können Sie sehen, wie sich seine größte Erfindung Jahr für Jahr weiterentwickelte.

Beispiel *Thomas Alva Edison*

Die Glühlampe – so wie Edison sie zum Patent angemeldet hatte – war gerade mal zwei Jahre im Einsatz, da ersetzte er das Brennmaterial: grüner Bambus statt Kohlefaden. Dann entwickelte er das sogenannte »Edison-Gewinde«. Wieder etwas später machte er das Fundament des Glühfadens durch Gips stabiler. Dann wurde Bambus durch Zellstoff ersetzt. Später Gips durch Porzellan. Während alle anderen noch staunten, tüftelte Edison schon an der Fortentwicklung seiner eigenen Ideen.

Er wusste: Wenn ich es nicht tue, tun es andere. Und er begann, das Edison-Prinzip wieder von vorne anzuwenden.

- Erfolgschancen erkennen: Was sind die Schwächen der Glühbirne? Wie könnte sie noch besser und haltbarer sein?
- Denkautobahn verlassen: Welche unterschiedlichen Möglichkeiten gibt es, diese Schwachpunkte zu verbessern? Welche neuen Wege habe ich noch nicht ausprobiert?
- Inspirationen suchen: Welche Materialien gibt es noch? Wo gibt es Ideen, die ich übertragen kann?
- Spannung erzeugen: Wie kann ich neue Ideen durch neue Kombinationen entwickeln?
- Ordnen und optimieren: Ist das Konzept wirklich schon das beste? Gibt es nicht doch noch ein besseres?
- Nutzen maximieren: Wie können wir mit der Neuentwicklung unseren Vorsprung ausbauen? Wie können wir das Gesamtsystem verbessern?

Sie sehen: Die Erfindung der Glühbirne war kein Zufall. Sie werden sehen: Auch Sie sind in der Lage, Ideen systematisch zu entwickeln. Egal vor welchen Herausforderungen Sie stehen: Das Edison-Prinzip ist ein erprobter und sicherer Weg zu neuen Ideen. In den nächsten Kapiteln werden Sie diesen Weg im Einzelnen kennen lernen und dazu Methoden und Denktechniken, mit denen Sie das Edison-Prinzip in Ihrem Alltag anwenden können.

Erfolgschancen erkennen –
Sehen Sie, was andere übersehen

»Ich finde heraus, was die Welt braucht.
Und dann erfinde ich es.«

Die Ziele dieses Kapitels

- Sie erfahren, wie alltägliche Beobachtungen zum Startpunkt eines kreativen Prozesses werden können.
- Sie lernen Edisons Chancenblicke kennen.
- Sie trainieren, Chancen in Ideen zu verwandeln.

Sie sind zu Gast bei einer Bekannten, die Sie stolz ins Zimmer ihrer zwei kleinen Töchter führt. Dort sitzen die siebenjährige Amelie und die fünfjährige Henriette und malen Blumen. »Zwei richtige kleine Künstlerinnen«, schwärmt die Mutter. Sie lächeln freundlich, aber leicht gequält. Im Gegensatz zu Ihrer Bekannten können Sie in den Blumen, die die zwei Kleinen aufs Papier kritzeln, nichts Besonderes entdecken. Nach zwei echten und gefühlten dreißig Minuten verlassen Sie das Kinderzimmer wieder. Und sind an mindestens fünf neuen Ideen vorbeigelaufen.

Hätte Ihnen die Mutter gesagt »Wenn es doch in der Stadt eine Galerie gäbe, wo ich die Bilder ausstellen könnte ...« oder »Am liebsten würde die Kleine die Wände vollmalen. Man müsste mal ein Wandmalset für Kinder erfinden ...«, wären Sie vielleicht darauf gekommen. Oder wenn Ihre Bekannte Sie mit der Nase drauf gestoßen hätte: »Hey, du suchst doch nach einer neuen Idee. Lass uns doch mal einen Businessplan für einen bundesweiten Kinder-Mal-Contest machen, den wir dann als Konzept bei Super RTL einreichen. Ich kenne auch einen Merchandising-Spezialisten und jemanden, der uns die Lizenzrechte für die Expansion in andere europäische Märkte sichert.« Aber genau das passiert im wahren Leben nicht. Dabei ist es egal, ob Sie sich selbstständig machen wollen und nach einer Geschäftsidee suchen oder ein Unternehmen leiten, das auf der Suche nach innovativen Produkten für Wandfarben ist: Sie müssen aktiv beobachten und daraus Chancen für Kreativprozesse ableiten. Das kann Ihnen nicht einmal die ausgeklügeltste Marktforschung abnehmen!

Der Spam-Filter in Ihrem Kopf – und wie Sie ihn umgehen

Thomas Edison machte sich systematisch auf die Suche nach Chancen: Schwächen bestehender Produkte. Trends, die die Wirtschaft beherrschen. Und Probleme anderer Menschen. Das gab ihm die Möglichkeit, kreativ zu werden. Eine Fähigkeit, die Historiker an Edison stets hervorheben, war seine Fähigkeit, bewusst und präzise zu beobachten. Das passiert nicht automatisch! Üblicherweise rennen wir mit Scheuklappen durch die Welt. Von allen Eindrücken, die uns im Laufe eines Tages möglich wären, ignorieren wir 99 Prozent. Dafür können wir nichts, das ist Hirnbiologie. Unser Gehirn blendet alles, was für uns gerade irrelevant scheint, gnadenlos weg. Einen effektiveren Spam-Filter gibt es nicht! Wenn unser Kopf nicht filtern würde, würden wir am

Ende des Tages erschöpft zusammenbrechen. Auch für das Gehirn gilt: Mit je weniger es sich beschäftigt, desto einfacher ist das Leben. Dem sind Sie aber nicht willenlos ausgeliefert: Sie können den Spam-Filter nicht abstellen, aber viel mehr durchlassen als Sie es bislang tun. Werden Sie zum aktiven Beobachter! Bemerken Sie die Dinge, die Sie bislang übersehen haben!

Trainieren Sie Edisons Chancenblicke

Suchen Sie nach Problemen.	Egal, ob Sie Unternehmer oder Angestellter sind und Ideen für Ihren Chef entwickeln: Wenn Sie Ideen entwickeln, mit denen Sie Probleme anderer lösen, ist der Weg zum Erfolg sicher. Es ist eines der Erfolgsgeheimnisse von Edison: Er machte nicht nur Erfindungen, er löste Probleme.
Suchen Sie nach Schwächen bestehender Ideen	Nichts ist perfekt und alles lässt sich verbessern. Vorausgesetzt, Sie registrieren erst einmal die Schwächen bestehender Lösungen und überlegen, wie Sie diese verbessern können. Am Beispiel des Telefons haben Sie ja bereits gesehen: Edison suchte förmlich nach Dingen, die schlecht funktionierten.
Suchen Sie nach Trends.	Trends bestimmen unsere Gesellschaft und unsere Wirtschaft. Das ist heute nicht anders als zu Edisons Zeiten. Sie haben bereits gelesen, dass er die Glühbirne zu einem Zeitpunkt entwickelte, als sich der Trend der Elektrifizierung abzeichnete. Suchen Sie nach Trends, die sich in Ihrer Branche und vergleichbaren Branchen abzeichnen und leiten Sie daraus Chancen ab.

Damit Sie nicht vor der Komplexität zurückschrecken: Sie müssen nicht alle drei Blicke auf einmal anwenden. Oder kennen Sie jemanden, der in drei Richtungen gleichzeitig sehen kann? Probieren Sie die Blicke nacheinander aus.

»Haben Sie ein Problem für mich?«

Überlegen Sie einmal, wie viele Probleme Sie im Laufe eines Tages zu bewältigen haben. Es sind unzählige! Morgens früh geht es schon los: Was darf ich zum Frühstück essen? Nur ein Ei oder doch zwei? Weißmehl im Brötchen, das nährt die Problemzonen ... Wie tief sind die Falten heute Morgen? Bin ich richtig angezogen? Komme ich pünktlich zur Arbeit? Mist, das Auto springt nicht an! Bin ich auf das Meeting am Vormittag richtig vorbereitet? Wird mich der fiese Kerl aus der Marketingabteilung wieder attackieren? Kann ich unter diesen Umständen Karriere machen? Überhaupt: Wie kann ich meinen Chef besser von mir überzeugen? Und mein Auto steht immer noch vor der Tür und streikt ...

In jedem dieser Probleme steckt der Keim zu neuen Ideen! Überlegen Sie: Wofür geben Sie Geld aus? Für Dinge und Dienstleistungen, die Ihnen all diese Sorgen abnehmen: cholesterinarme Margarine, Vollkornbrötchen fürs gute Gewissen, Kosmetik, Mode- und Karrierezeitschriften und für jemanden, den Sie im Idealfall nur anrufen müssen, damit Ihr Auto heute Abend wieder fahrbereit vor der Tür steht. Sprich: für alles, was Ihr Leben angenehmer macht. Und wofür geben Sie kein Geld aus? Für alles, was Ihnen noch mehr Probleme bereitet.

Edison dachte zuerst darüber nach, welche Probleme anderer er lösen konnte. Dann erfand er Lösungen. Seine Ideen waren von der ersten Minute an auf Erfolg getrimmt!

»Was sich nicht verkauft, möchte ich nicht erfinden.
Verkauf ist ein Zeichen von Nutzen und Nutzen ist Erfolg.«

Kunden kaufen keine Produkte, Kunden kaufen Problemlösungen! Das war Ende des 19. Jahrhunderts nicht anders als heute. Verändert haben sich nur die Probleme und die Lösungen.

Erfolgschancen erkennen 47

Beispiel

In der Automobilzulieferindustrie beginnt Ideenfindung mit dem Problemblick. Dort gibt es dafür sogar einen Fachausdruck: »Line-Walk«. Mitarbeiter des Zulieferers laufen die Fertigungsstraße eines Automobilherstellers ab und achten genau darauf, wo Mechaniker Probleme haben, weil sie Teile schwer anmontieren können, sie fragen, wo es Zeitverzögerungen gibt und so weiter. Dieses Wissen ist das wertvollste Kapital eines Zulieferers. Anschließend machen sich die Mitarbeiter an die Arbeit und entwickeln Ideen, wie sich mit dem Problem des Herstellers Geld verdienen lässt.

Hurra! Es gibt ein Problem!

»Kunden kaufen Problemlösungen.« Diesen Satz können Sie für sich umformulieren und für Ihre Situation anpassen. Wenn Sie angestellt sind, heißt der Satz: »Ihr Chef kauft keine Fähigkeiten, er kauft Problemlösungen.« Wenden Sie den Problemblick an und achten Sie verstärkt darauf, welchen Problemberg Ihre Kunden beziehungsweise Ihr Chef vor sich herschieben. Achten Sie dabei aber nicht nur auf Probleme, die Sie sehen können. Problemberge sind wie Eisberge: Den größten Teil sieht man nicht. Schauen Sie unter die Oberfläche!

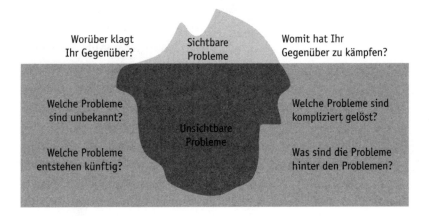

Was sich unter der Oberfläche verbirgt	→	Welche Chancen sich daraus für Sie ergeben
Probleme sind gelöst, aber kompliziert und schlecht.	→	Entwickeln Sie einfachere Lösungen.
Das Problem hinter dem Problem ist unerkannt.	→	Entwickeln Sie Lösungen, die an die Wurzel gehen.
Sie finden Probleme, die noch niemand erkannt hat.	→	Zeigen Sie das Problem und liefern Sie gleich die Lösung.
Sie finden Probleme, die es in Zukunft geben wird.	→	Entwickeln Sie Lösungen für Probleme von morgen.

Der Problemblick funktioniert über Schlüsselfragen. Es sind bewusst einfache Fragen, keine, an deren Komplexität Sie ersticken werden. Mit diesen Schlüsselfragen suchen Sie Ihre Umgebung systematisch nach sichtbaren – vor allem aber auch nach unsichtbaren – Problemen ab.

So stolpern Sie über Probleme

Sichtbare Probleme sind einfach zu erforschen. Sie stolpern förmlich über sie, wenn Sie Augen und Ohren offen halten. Der Vorteil ist, dass Ihr Gegenüber diese Probleme kennt. Sie treten offen zutage. Sie können sie beobachten und Sie erfahren davon, wenn Sie nachfragen. Diese Probleme sollten Sie unbedingt festhalten, beispielsweise in einem Problemtagebuch. Darin erfassen Sie systematisch alle Probleme, die ein Mensch – beispielsweise

ein potenzieller Kunde von Ihnen – im Laufe eines Tages zu bewältigen hat. Seien Sie dabei so genau wie möglich. Fragen Sie nach. Natürlich können Sie auch komplexe Marktforschungsanalysen betreiben, aber wer leistet sich schon den Luxus einer eigenen Marktforschung. Sie selbst sind eine gute Inspirationsquelle! Notieren Sie, auf welche Probleme Sie im Laufe eines normalen Tages stoßen. Zu Beginn des Abschnittes habe ich Ihnen ja bereits einige Beispiele genannt.

Ziel	→	Schlüsselfragen
Probleme über der Oberfläche finden	→	Welche Probleme hat mein Kunde, mein Chef etc.? Worüber beschwert sich mein Gegenüber?

Tipp: Kundenbeschwerden gelten in vielen Unternehmen als etwas Peinliches. Es gibt zwei klassische Standardreaktionen: ignorieren oder nach den Schuldigen suchen. Beides führt in die Sackgasse. Kundenbeschwerden sind eine der wertvollsten Quellen, um kreativ zu werden. So wertvoll, dass wir vor Ideenfindungs-Workshops regelmäßig Verbraucherportale im Internet nach Beschwerden durchsuchen.

So ertasten Sie versteckte Probleme

Beobachten Sie, was Sie selbst tun oder was Ihr Gegenüber tut. Wann immer Sie etwas sehen, von dem Sie sagen »Das müsste auch einfacher gehen«, haben Sie eine neue Chance entdeckt. Nichts anderes haben die Gründer des Softwareherstellers SAP gemacht: Als sie 1972 das Unternehmen gründeten, war Datenverarbeitung noch ein langer und zeitaufwändiger Prozess. Ihre

Vision damals war: Zeit sparen durch die Entwicklung neuer Programme, die Daten in Echtzeit verarbeiten und so stets aktuell verfügbar machen.

Ziel	→	Schlüsselfragen
Unsichtbare Probleme finden	→	Was ist umständlich und kompliziert? Was könnte einfacher funktionieren?

Tipp: Unsichtbare Probleme sind viel schwieriger zu entdecken als sichtbare! In den meisten Fällen haben sich Menschen eine Krücke gebaut, mit der sie gut zurechtkommen. Erst wenn ihnen die einfachere Lösung zur Verfügung steht, merken sie, dass sie ein Problem hatten. Bis dahin werden Sie meist hören: »Ich hab da kein Problem.« Lassen Sie sich davon nicht entmutigen! Bevor es Navigationsgeräte gab, wären nur die wenigsten Menschen auf die Idee gekommen, dass Stadtpläne nur eine Krücke waren.

So werden Sie zum Problem-Hellseher

Beobachten Sie Trends und neue Entwicklungen. Als die E-Mail zum Medium wurde, waren Spam-Mails und Virenattacken noch kein Problem. Doch die Vordenker von damals fragten sich: »Was wird das für Probleme bringen?« Als das Problem dann da war, hatten sie erste Lösungen.

Ziel	→	Schlüsselfragen
Zukünftige Probleme vorhersehen	→	Was wird das für Probleme bringen?

Durch neue Ideen zur Gehaltserhöhung **Beispiel**

Sie sind auf der Suche nach Ideen, mit denen Sie Ihren Chef auf sich aufmerksam machen können? Beginnen Sie damit, Ihre Firma konsequent nach Schwachstellen abzusuchen: Wo werden Kunden schlecht bedient? Wo versagt der Service? Sie werden sehen, dass sich diese Suche auch für Sie selbst bezahlt machen kann: Verhandeln Sie doch einfach durch kreative Ideen eine Gehaltserhöhung!

Wenn Sie zu Ihrem Chef gehen und freundlich nach einer Gehaltserhöhung fragen, bekommen Sie mit hoher Wahrscheinlichkeit Folgendes zu hören: »Wir müssen sparen. Ich habe keine Idee, wie ich das finanzieren soll.« Gut, dafür haben Sie jetzt dieses Buch gekauft. Sie haben gerade erfahren, wie Sie Probleme in Chancen verwandeln. Das Problem lautet: »Kein Geld. Die Firma muss weniger ausgeben.« Die Chance, die Sie daraus ableiten können: »Mehr verdienen und trotzdem weniger ausgeben.« Wenden Sie dazu den Problemblick an. Gehen Sie systematisch auf die Suche nach Schwachstellen in Ihren Abläufen: Wo gibt Ihre Firma zu viel Geld aus? Ich garantiere Ihnen: Sie werden schnell fündig! Da gibt es zum Beispiel:

- Reisekosten durch Krisenmeetings. Mitarbeiter fahren oder fliegen ständig zum Kunden, um auftretende Probleme zu lösen.
- Kosten durch falsche Absprachen: Werbematerialien, die produziert und dann wieder eingestampft werden, weil falsche Fakten draufstehen.
- Etc.

Möglicherweise hat sich der Rest der Firma bereits damit abgefunden, dass der ständige Kriseneinsatz beim Kunden dazugehört. »Ist eben so, das passiert.« Ihre Chance besteht darin, genau das nicht zu tun: Freuen Sie sich über das Problem! Zunächst einmal müssen Sie allerdings das Problem hinter dem Problem finden. Dann können Sie kreativ werden. Der Weg dahin führt über eine einfache Frage: »Warum?« Fragen Sie so lange nach dem Warum, bis Sie zum Kern des Problems vorgestoßen sind.

Überlegen Sie, wie Projekte künftig besser geplant werden können, sodass weniger Kriseneinsätze notwendig werden. Später entwickeln Sie daraus konkrete Zahlen, die das Sparpotenzial

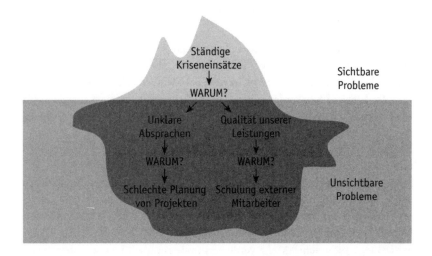

aufzeigen. Und Ihre nächste Gehaltsverhandlung eröffnen Sie so: »Ich verrate Ihnen, wo die Firma 5 000 Euro monatlich zu viel ausgibt und wie Sie 4 500 Euro sparen können.« Ihr Chef wird fragen: »Und was ist mit den anderen 500 Euro?« Und Sie antworten: »Die hätte ich gerne auf meinem Gehaltszettel.« Unmöglich? Sie werden in diesem Buch noch lernen, das Unmögliche zu denken.

Ziel	→	Schlüsselfrage
Probleme hinter den Problemen finden		Warum?

Gebrauchsanleitung: Der Problemblick	
Wobei hilft mir der Problemblick?	Er hilft beispielsweise, Chancen für neue Dienstleistungen aufzuspüren. Auch vielen Produktideen liegt eine Problemlösung zugrunde. Und in Unternehmen sind die Mitarbeiter am wertvollsten, die Probleme schnell und kreativ lösen.

Wie wende ich ihn an?	Stellen Sie sich die Schlüsselfragen, die Sie gerade kennen gelernt haben.
Wie oft kann ich den Problemblick anwenden?	Täglich. Achten Sie nur darauf, dass Sie nicht mehr Probleme entdecken, als Sie am Ende lösen können. Es ist ja erst der erste Schritt des Edison-Prinzips.
Risiken und Nebenwirkungen	Wenn Sie jemandem ein Problem einreden wollen, das er oder sie nicht sehen möchte, können Sie noch so kreativ sein – Ihre Lösung wird auf wenig Gegenliebe stoßen.

Der Schwächenblick – verbessern Sie die Welt

»Ich kann nichts in die Hand nehmen,
ohne den Wunsch zu verspüren, es zu verbessern.«

Edison bezeichnete sich selbst als »Schwamm«, der Ideen aufsaugt und sie dann nutzbar macht. Jetzt mögen Sie aufschreien und laut rufen: »Das ist Ideendiebstahl!« Da kann man so argumentieren, aber dann würden wir heute noch alle im Dunkeln sitzen: Wir würden in Ehrfurcht die Goebel-Glühbirne anstarren, weil sich niemand trauen würde, sie zu verbessern.

Wenn Sie so argumentieren, müssten Sie die Dampfmaschine verteufeln: Sie war ebenfalls eine Weiterentwicklung bestehender Lösungen, die sogar schon im Einsatz waren. Produktpiraterie, das ist Ideendiebstahl. Wenn Sie Bücher abschreiben und als eigene ausgeben, dann ist das Ideendiebstahl. Aber wenn sie Ideen anderer aufgreifen, sie verbessern, sie mit neuen Dingen kombinieren und sie weiter entwickeln, dann ist das kein Ideendiebstahl. Sondern notwendige Voraussetzung für Fortschritt.

Beispiel *Thomas Alva Edison*

Mit dem Schwächenblick war Edison ständig auf der Suche nach Dingen, die er verbessern konnte. So hat er in der Telegrafie eine Reihe von neuen Erfindungen eingeführt. Bis in die 70er Jahre des 19. Jahrhunderts hinein war es nur möglich, eine einzige Nachricht über eine Telegrafenleitung zu senden. Dadurch kam es zu langen Wartezeiten. Edison machte die Telegrafie schneller: Zunächst erfand er ein Gerät, mit dem zwei Nachrichten gleichzeitig gesendet werden konnten. Dann tüftelte er weiter, bis es ihm gelang, vier Nachrichten auf einmal zu versenden.

Haben Sie keine Angst davor, fremde Ideen aufzugreifen, nach Schwächen zu suchen und sie zu verbessern! Nehmen Sie das, was andere geschaffen haben, nehmen sie es gedanklich auseinander und stellen Sie sich die ganze Zeit nur eine einzige Frage: Was ist daran schlecht?

Beispiel *Der Farbenhersteller – Auf der Suche nach Innovationen*

Sie sind Geschäftsführer einer Firma für Wandfarben. Und Sie sind auf der Suche nach neuen Ideen. Als Ausgangspunkt für Ihren Kreativprozess wenden Sie den Schwächenblick an. Sie analysieren, was an Ihrem Produkt und anderen Produkten schlecht funktioniert. Beobachten Sie, wie Kunden mit Ihren Produkten umgehen und was alles nicht funktioniert. Sie werden schnell auf Schwächen stoßen:

- Farbeimer sind so schwer, dass Sie als Kunde beinahe schon die Garantie für einen Bandscheibenschaden mitgeliefert bekommen.
- Bevor man die Farbe aufträgt, muss man die halbe Wohnung leerräumen und Kanten abkleben.
- Man weiß nie, wie viel Farbe man pro Quadratmeter letztlich braucht, trägt Farbe oft ungleichmäßig auf, kauft entweder zu viel oder zu wenig.

Um Schwächen Ihres Produktes aufzudecken, können Sie sich auch eine einfache Frage stellen: Was kann das Produkt NICHT? Normalerweise fragen Sie sich, was ein Produkt kann, jetzt drehen Sie die Frage um. Was kann Wandfarbe nicht? Vor Handy-Strahlung schützen, Allergikern das Leben erleichtern, Luft reinigen. Oder doch? Ein Hersteller hat die Idee gehabt, dass in diesen Schwächen des Produkts die Chance für Innovationen liegt. Und drei verschiedene Farben entwickelt: Eine, die gegen Elektrosmog schützt, eine für Allergiker und eine, die Schadstoffe in der Luft aktiv abbaut.

Sie können Schwächen auch aufdecken, indem Sie fragen: Welche Attribute würde ich dem Produkt nicht zuordnen? Beispielsweise einem Eimer Wandfarbe: Der Eimer unterhält mich nicht, ist nichts für meine Kinder, man kann ihn nicht weiterverwenden, er ist nicht cool. Marketingschwächen können Sie aufdecken, indem Sie sich fragen: Was kann mein Produkt, sagt es aber nicht? Sie in Urlaubsstimmung versetzen beispielsweise: Wenn Sie ein Zimmer in Ihrer Wohnung im mediterranen Stil streichen, fühlen Sie sich fast wie im Urlaub. Suchen Sie so viele Schwächen wie möglich. Vergessen Sie aber den nächsten Schritt nicht! Der Schwächenblick hilft Ihnen erst weiter, wenn Sie die Schwächen in Chancen verwandeln!

Welche Schwächen erkennbar sind		Welche Chancen sich daraus für Sie ergeben
Farbeimer sind schwer	→	Verpackung entwickeln, die den Transport einfacher macht
Wohnung muss abgedeckt werden	→	Kleckssichere Anwendung
Zu ungleichmäßig, zu viel, zu wenig	→	Dosierhilfe oder Alternativen zu derzeitigen Lösungen
Macht keinen Spaß	→	Produkte entwickeln, bei denen der Faktor »Spaß« im Vordergrund steht
Gibt kein Urlaubsgefühl	→	Neue Marketingideen für die Produktpositionierung entwickeln, bei der auf Nutzungsmotive eingegangen wird

Gebrauchsanleitung: Der Schwächenblick	
Wobei hilft mir der Schwächenblick?	Bei der Optimierung von Abläufen, Dienstleistungen oder Produkten. Analysieren Sie auch Ihre eigenen Schwächen immer wieder, beispielsweise im Verkauf und im Marketing. Sich auf die Schulter zu klopfen, ist schön, bringt aber wenig. Die wichtigste Frage lautet: Wo sind wir schwach?
Wie wende ich ihn an?	Notieren Sie alle Schwächen, die Sie entdecken können. Fragen Sie sich: Kann ich es verbessern? Wie kann ich es verbessern? Aber fragen Sie sich auch: Lohnt es sich, die Sache zu verbessern?
Wie oft kann ich den Schwächenblick anwenden?	Gewöhnen Sie sich an, alle neuen Dinge gleich zu Beginn auf ihre Schwächen hin zu untersuchen. Ihr eigenes Umfeld und sich selbst sollten Sie mindestens einmal im Jahr einer Schwächenanalyse unterziehen.
Risiken und Nebenwirkungen	Sie suchen nicht nach Schwächen, um andere schlechtzumachen, sondern um Chancen für neue Ideen zu entdecken. Machen Sie das in Ihrem Umfeld deutlich! Nicht, dass man Sie für einen Nörgler hält ...

Heute ist oft zu spät – mit dem Trendblick nach vorne schauen

Trends sind eine wichtige Quelle bei der Suche nach Erfolgschancen. Verwechseln Sie sie bitte nicht mit kurzfristig aufflammenden Hypes oder Moden. Trends entstehen häufig über Jahre hinweg, sie sind von gesellschaftlichen Einstellungen genauso geprägt wie von technologischen Entwicklungen. Nehmen Sie beispielsweise den Trend zur alternden Gesellschaft, zu einem nachhaltigen ökologisch geprägten Lebensstil oder zu Gesundheit und Fitness: All diese Trends entstanden oder entstehen langsam. Es gibt eine Reihe von Trendstudien im Internet abrufbar, als Bücher zu kaufen und auch Zeitschriften berichten regelmäßig über Trends. Vergessen Sie aber auch hier das Beobachten nicht: Wenn in Ihrer Stadt ein Luxusgeschäft nach dem anderen eröffnet, können Sie daraus schließen, dass es einen Trend zur Hochwertigkeit gibt. Wenn Gucci, Prada und Co. bei Ihnen jedoch alle nacheinander schließen, wäre ich mit der Eröffnung einer Luxusbar vorsichtig. Wie Sie aus Trends Chancen ableiten und anschließend in konkrete Ideen umwandeln, zeige ich Ihnen anhand eines Beispiels.

Ideen für ein cooles Restaurant — **Beispiel**

Sie wollen ein Restaurant eröffnen. Nicht irgendeines. Es soll etwas Besonderes sein, nicht einfach nur ein unzähliges Restaurant unter vielen. Eines, das von den Gästen geliebt wird, wo sie immer wieder gerne hingehen. Der Ausgangspunkt für den Kreativprozess ist der Trendblick. Sie arbeiten Trendstudien durch und identifizieren dabei Trends wie diese:

- Umweltbewusstsein: Mehr und mehr Menschen achten darauf, gesund zu leben und Produkte zu kaufen, die die Umwelt nicht belasten.
- Wellness: Menschen sind bereit, für Produkte und Dienstleistungen Geld auszugeben, die ihnen Erholung vom stressigen Alltag bieten.
- Convenience: Verbraucher wollen mehr und mehr Produkte und Dienstleistungen, die ihnen Sorgen und Arbeit abnehmen. Dafür sind sie bereit, mehr zu zahlen.
- Health und Fitness: Menschen legen mehr Wert auf Gesundheit und Fitness und kaufen verstärkt Nahrungsmittel, die sie dabei unterstützen.

Überlegen Sie, welche potenziellen Erfolgschancen Sie aus den Trends ableiten können. Diese Ableitungen sind anschließend die Suchfelder für neue Ideen: Statt wahllos nach Ideen zu suchen, gehen Sie so strukturiert vor.

Welche Trends erkennbar sind	→	Welche Chancen sich daraus für Sie ergeben
Umweltbewusstsein	→	Ein Restaurant entwickeln, dass nachhaltige Produkte und Produkte aus der Region anbietet.
Wellness	→	Ideen für ein Wellness-Restaurant entwickeln, das für Gestresste eine Oase der Ruhe ist.
Convenience	→	Außergewöhnliche Serviceideen entwickeln, die im Markt einzigartig sind.
Health und Fitness	→	Ein Angebot an gesunden Gerichten, die gesund sind und zur Fitness beitragen.

»Aber beschränke ich mich nicht zu sehr bei der Ideensuche?« Nein. In zehn Jahren Ideenfindung und Kreativitätstraining habe ich in jedem Workshop immer wieder die Erfahrung gemacht: Je enger Sie den Suchrahmen zu Beginn fassen, desto mehr wird Ihre Kreativität stimuliert. Ein Ansatz, den übrigens auch Google für die Ideenfindung sehr erfolgreich nutzt: »Beschränkungen können Probleme schärfen und fokussieren und dadurch zu echten kreativen Lösungen führen«, schreibt Marissa Ann Mayer, die für die Entwicklung von Suchprodukten bei Google zuständig ist, in der amerikanischen Business Week. »Kreativität entfaltet sich am besten, wenn sie in enge Bahnen gelenkt wird.« Wenn Sie vollkommen offen und ohne jede Beschränkung nach Ideen suchen, sind Sie orientierungslos. Und genau das blockiert Ihre Kreativität.

Erfolgschancen erkennen 59

Gebrauchsanleitung: Der Trendblick	
Wobei hilft mir der Trendblick?	Niemand kann in die Zukunft blicken. Trends geben jedoch eine gewisse Sicherheit, weil sie das widerspiegeln, worauf unterschiedlichste Akteure der Wirtschaft oder Gesellschaft setzen. Wenn Sie einen Trend rechtzeitig erkennen und beginnen, Ideen zu entwickeln, ist die Erfolgschance höher als wenn Sie Trends ignorieren.
Wie wende ich ihn an?	Fragen Sie sich: Was bedeutet dieser Trend für mich? Welche Chancen ergeben sich daraus?
Wie oft kann ich den Problemblick anwenden?	Immer dann, wenn Sie neue Ideen suchen oder alte Ideen überdenken wollen.
Risiken und Nebenwirkungen	Im Innovationsmanagement verwechseln viele Trends mit einer Vollkaskoversicherung für neue Ideen. Trends geben Ihnen nur eine gewisse Sicherheit. Wenn Ihre Ideen schlecht sind, können Sie voll im Trend liegen, und es geht trotzdem daneben. Und wenn Sie einen Trend zu spät erkennen, ist der Zug möglicherweise abgefahren.

Vorsicht Falle! Die häufigsten Fehler bei der Suche nach Chancen

Sind Sie ein guter Beobachter? Suchen und erkennen Sie Probleme, die Ihnen Chancen für neue Entwicklungen bieten? Routine und Gewöhnung können dazu führen, dass sich die folgenden Fehler immer mal wieder einschleichen.

Zufriedenheitsfalle Alle sind so glücklich über das Bestehende, dass die Schwächen systematisch ignoriert werden. Dabei ist Unzufriedenheit die wichtigste Antriebsfeder für Veränderung!

»Ist nicht neu«-Falle »Das Problem gibt es schon seit Jahren!« Ja, aber gibt es auch Lösungen? »Na klar, das ist nicht neu.« Sind die Lösungen denn gut? »Nein, gut sind sie nicht ...« Herzlichen Glückwunsch! Wieder eine Chance verpasst! Mit dem Totschlagargument »Ist nicht neu« bekommen Sie jeden kreativen Gedanken vom Tisch.

»Kennen wir schon«-Falle »Ich brauche meinen Kunden nicht nach seinen Problemen zu befragen, die kenne ich schon.« Wenn Ihnen das jemand sagt, sollten die Alarmglocken schrillen! Dieser Satz ist die beste Garantie für kreativen Stillstand und das Übersehen von Chancen.

Fazit

- Die besten Ideen liegen auf der Straße. Sie müssen allerdings die Augen offenhalten!
- Suchen Sie gezielt nach Problemen von Menschen und nach Schwächen eigener oder fremder Ideen!
- Betrachten Sie Probleme und Schwächen künftig als Chancen!

Denkautobahn verlassen:
Weichen Sie dem Ideenstau aus

Die Ziele dieses Kapitels

- Sie lernen, eingefahrene Denkwege zu verlassen.
- Sie erfahren, wie Sie durch Perspektivenwechsel zu einer Vielzahl neuer Blickwinkel gelangen.
- Sie entdecken die Vorteile von Nebenstraßen und Umwegen.

Ist Ihnen schon einmal aufgefallen, wie wenige Menschen neue Wege suchen? Beispielsweise wenn sie auf der Autobahn unterwegs sind. Fast alle, die auf der gleichen Strecke wie Sie unterwegs sind, fahren in einen Stau hinein – selbst wenn sie im Radio hören, dass er mehrere Kilometer lang ist. Der sichere Stau ist ihnen angenehmer als das Abenteuer der Nebenstraße. Im Stau können Sie viel über Kreativität lernen! Wenn Sie zum Beispiel nach einer halben Stunde Schneckentempo an einer Ausfahrt vorbeikommen, was passiert? Stürzen sich alle auf

diese Ausfahrt? Suchen alle emsig nach neuen Wegen? Nein, alle warten ab. Sie gucken, was die anderen machen. So lange, bis der erste Mutige die Ausfahrt nimmt. Und der zweite. Und der dritte. Dann gucken sie: Passiert den Pionieren etwas? Und dann irgendwann folgt der Rest: Wenn sich nur genügend Menschen dafür entschieden haben, die Ausfahrt zu nehmen, ist das irgendwann die neue Autobahn. Wenn nicht, bleiben alle stehen. Wir sind so gepolt: Das, was alle tun, führt zum Erfolg. Wenn es nur ein Einzelner tut, kann es nicht gut sein. Wenn es darum geht, Probleme zu lösen, verhalten wir uns genauso. Wir nehmen die Denkautobahn – den Weg, den alle nehmen. Und den Weg, der sich in der Vergangenheit als der effektivste erwiesen hat.

Wir kommen nicht einmal auf die Idee, die Denkautobahn zu verlassen, wenn wir hundertprozentig wissen, dass sie verstopft ist. Statt dem Kreativstau auszuweichen und neue Wege zu suchen, tun wir das, was alle tun. Lieber gemeinsam in der Sackgasse als alleine auf Umwegen! Irgendwann sagen wir: »Tut mir leid, es geht nicht.« Bis jemand kommt, uns auf die Schulter tippt und sagt: »Probier es doch mal von der Seite aus.« Plötzlich

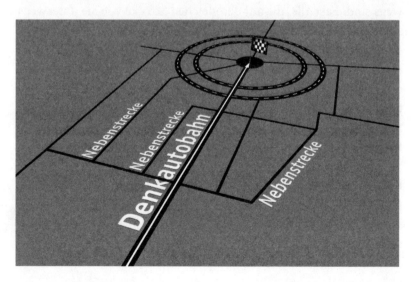

klappt es. Wir denken uns: »Warum bin ich da nicht gleich drauf gekommen?« Weil wir uns viel zu sehr auf die Denkautobahn konzentriert haben. Die Nebenstraßen kamen uns gar nicht in den Sinn. Und die Umwege erst recht nicht.

Die besten Ideen liegen abseits der Denkautobahn!

In diesem Kapitel stelle ich Ihnen zwei Denkstrategien vor, mit denen Sie die Denkautobahn verlassen können. Statt den Weg zu nehmen, den alle nehmen, weichen Sie auf Nebenstrecken aus oder erreichen Ihr Ziel über einen Umweg.

Ihre Situation	→	Ihr Weg
Sie haben es eilig, stecken fest und brauchen schnell eine Idee.	→	Erkunden Sie die Nebenstrecken. In der schnellsten Variante dauert es nur fünf Minuten.
Sie müssen möglichst alle Lösungswege erkunden. Genauigkeit und Vollständigkeit sind gefragt.	→	Fahren Sie zunächst die Nebenstrecken ab. Anschließend erkunden Sie die Umwege.

Vom Tunnel- zum Rundumblick – erkunden Sie den Reiz der Nebenstrecken!

Für die Mehrzahl aller kreativen Akutfälle ist es vollkommen ausreichend, die Denkautobahn zu verlassen und die Nebenstrecken zu erkunden. Wie kommen Sie dorthin? Mit sogenannten assoziativen Fragen. Das ist eine Fragetechnik, die sich in Dutzenden von Seminaren als genialer Allrounder erwiesen hat. Mithilfe as-

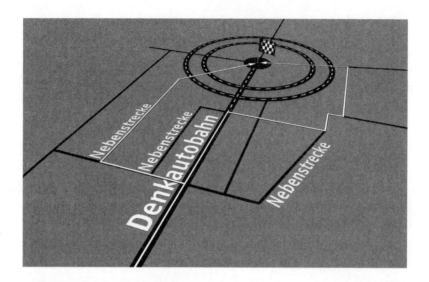

soziativer Fragen schaffen Sie es, innerhalb von nur fünf Minuten mehr als 20 neue Lösungswege zu finden. Dabei nutzen Sie zunächst die Fähigkeit Ihres Gehirns, Assoziationen zu bilden. An diese Assoziationen richten Sie dann Fragen. Edison bezeichnete es als eine seiner effektivsten Techniken, die »gleiche Frage auf hundert verschiedene Weisen« zu stellen.

1. Bilden Sie Assoziationen zum Kernbegriff

Das Bilden von Assoziationen ist eine der grundlegenden Kreativitätstechniken und der erste Schritt zur schnellen Diagnose. Mit Assoziationen geben Sie Ihrem Kopf den Befehl: »Achtung! Kreativ werden!« Sie müssen sich das, was in Ihrem Gehirn passiert, so vorstellen: Alle Informationen, die Sie haben, sind miteinander vernetzt. Wenn Sie ein Glas Wasser in die Hand nehmen, wissen Sie sofort: »Glas. Trinkt man draus. Kann aber auch kaputtgehen. Kaputtes Glas kann verletzen. Bei Verletzungen brauche ich einen Verband.« Und so weiter. Wenn das nicht so wäre, würden

Sie hilflos durch die Gegend laufen und fragen: »Was soll ich mit dem Glas anstellen?«

Dummerweise stehen Ihnen diese vernetzten Informationen nicht auf Knopfdruck zur Verfügung: Sie sind tief in Ihrem Unterbewusstsein abgespeichert. Wenn Sie Assoziationen bilden, werden diese abgespeicherten Informationen aktiviert und abrufbar gemacht. Edison arbeitete viel mit Assoziationen. In seinen Notizbüchern finden sich zahlreiche Einträge, die zunächst wirr und unkoordiniert erscheinen. Gedankenfetzen, Überlegungen, Ideenfragmente. Aus diesen »wirren« Fetzen entstanden später Ideen.

Tipp: Ein einfacher Zettel mit Stichworten zu einem Thema löst komplexe Vorgänge in Ihrem Gehirn aus. Schreiben Sie alles auf, was Ihnen zum Thema einfällt. Achten Sie nicht darauf, ob es sinnvoll ist oder nicht. Sie mögen denken: »Ach, das kann ich locker überspringen.« Irrtum! Ohne diese ungeordneten Stichworte bleibt alles tief drin in Ihrem Kopf!

Durch neue Ideen zur Gehaltserhöhung Beispiel

Durch die »Warum«-Methode sind Sie darauf gestoßen, dass mangelnde Projektplanung der Grund dafür ist, dass Sie viel Zeit mit Nachbesserungen bei Kunden verbringen. »Projektplanung optimieren«, das ist die Chance, die Sie als Feld für neue Ideen identifiziert haben. Mit hoher Wahrscheinlichkeit sind Sie nicht der erste Mitarbeiter, der diesen Gedanken hat. Im Gegenteil: Bei der Problemanalyse treffen Sie häufiger alte Bekannte wieder: Probleme von denen alle sagen: »Kennen wir schon!« Lassen Sie sich davon nicht entmutigen! Ihre Kollegen haben bislang wahrscheinlich nur darüber nachgedacht, wie sich die Projektplanung verbessern lässt und sind im gleichen Denkstau wie alle anderen gelandet. Sie nehmen die Umwege.

Nehmen Sie dazu ein Blatt Papier. In die Mitte schreiben Sie den Ausgangsbegriff. Und dann schreiben Sie alles auf, was Ihnen zum Thema »Projektplanung« einfällt. Notieren Sie alles, was Ihnen in den Kopf kommt!

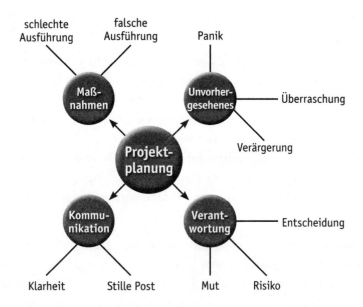

Sie erhöhen die Zahl der möglichen Lösungswege jetzt deutlich. Dachten Sie bislang nur über die Verbesserung der Projektplanung nach, erschließt sich jetzt eine Vielzahl neuer Möglichkeiten.

Jetzt geht es darum, aus den Assoziationen Schlüssel für den Kreativprozess zu entwickeln: sogenannte »assoziative Fragen«.

2. Formulieren Sie Fragen

»Ein Weiser gibt nicht die richtigen Antworten, sondern er stellt die richtigen Fragen.«
Claude Lévi-Strauss, französischer Anthropologe

Nehmen Sie eine Tabelle. Schreiben Sie in die erste Spalte eine Assoziation. In der zweiten Spalte formulieren Sie daraus eine Frage, die mit den Worten: »Wie können wir ...?« oder »Wie kann ich ...?« beginnt. Die Frageform hat eine psychologische Wirkung: Sie fordern Ihr Gehirn regelrecht auf, kreativ zu werden.

Wenn wir beim Beispiel der Gehaltserhöhung bleiben, könnte eine solche Tabelle folgendermaßen aussehen:

Assoziative Fragen zum Thema »Projektplanung«

Assoziationen	Fragen
Unvorhergesehenes	Wie können wir Unvorhergesehenes besser einplanen?
Panik	Wie können wir unseren Kunden die Panik vor Notfällen nehmen?
Notruf	Wie können wir einen Notruf einrichten?
Verärgerung	Wie können wir dafür sorgen, dass unsere Kunden nicht verärgert werden?
Kommunikation	Wie können wir »stille Post« verhindern?
Klarheit	Wie können wir klarer kommunizieren?

Ideen für ein cooles Restaurant　　　　　　　　　　　　　　**Beispiel**

Eine vollkommen andere kreative Aufgabe, aber exakt die gleiche Vorgehensweise. Die Denkautobahn würde Sie auf die Standard-Lösungen bringen. Umweltbewusstsein? Da biete ich Öko-Essen an. Wellness? Da nenne ich mein Restaurant eben Wellness-Restaurant und spiele Entspannungsmusik im Hintergrund. Convenience? Na ja, so etwas wie McDonalds. Health and Fitness? Da packe ich ein Gesundheitsgericht auf die Karte. Erkunden Sie die Nebenstrecken, indem Sie – wie beim letzten Beispiel – Assoziationen bilden und daraus Fragen entwickeln.

Und wie im Beispiel eben nehmen Sie eine Tabelle, schreiben in die erste Spalte Assoziationen und entwickeln assoziative Fragen.

Assoziative Fragen zum Thema »Health/Fitness«

Assoziationen	Fragen
Training	Wie können wir unsere Gäste trainieren lassen? Wie können wir unsere Gäste bei ihrem Training unterstützen?
Muskelaufbau	Wie können wir unseren Gästen Muskelaufbau anbieten? Wie können wir bei unseren Kunden den Muskelaufbau unterstützen?
Kalorien zählen	Wie können wir unsere Gäste beim Kalorienzählen unterstützen? Wie können wir unseren Gästen das Kalorienzählen abnehmen?
Trennkost	Wie können wir die Trennkostdiät unserer Gäste unterstützen?
Massage	Wie können wir unsere Gäste massieren?
Bewegung	Wie können wir unseren Gästen beim Essen Bewegung verschaffen?

Assoziative Fragen zu entwickeln ist eine der effektivsten Kreativtechniken. Wenn Sie sie alleine anwenden, können Sie innerhalb von nur fünf Minuten über 20 neue Lösungsansätze generieren.

Tipp: Die Technik der assoziativen Fragen hat sich in den letzten Jahren zum heimlichen Favoriten meiner Workshop-Teilnehmer entwickelt. Denn sie ist ein genialer Allrounder, der schnell und effektiv Kreativblockaden löst. Probieren Sie es aus! Nehmen Sie ein Problem, an dem Sie aktuell zu knabbern haben. Schreiben Sie den Begriff in die Mitte und bilden Sie zwei Minuten lang Assoziationen. Anschließend entwickeln Sie daraus drei Minuten lang Fragen. Sie werden sehen: Ihre Kreativblockade ist vorbei.

Die Gerade – der Feind des Kreativen: Nehmen Sie Umwege!

Wenn Sie beginnen, sich auf den Nebenstrecken zu bewegen, werden Sie bald feststellen: Assoziative Fragen bringen Sie schnell und zuverlässig auf neue Ideen. Manchmal allerdings werden Sie sich fragen: »Habe ich vielleicht noch irgendetwas übersehen?« Ja, das haben Sie. Assoziative Fragen sind perfekt, um eine Vielzahl neuer Ansätze in kurzer Zeit zu generieren: Allerdings sind die Ergebnisse relativ zufällig, assoziatives Denken ist nicht strukturiert. Wann immer Sie das Gefühl haben, Sie könnten etwas übersehen haben, sollten Sie die Nebenstrecken noch um potenzielle Umwege ergänzen. Diese Umwege dauern sicherlich ein wenig länger, führen aber garantiert zu komplett neuen Sichtweisen und Ansätzen.

Die dahinterstehende Denktechnik heißt Perspektivenwechsel. Nacheinander nehmen Sie verschiedene Perspektiven ein. Wenn Sie vor einem technischen Problem stehen, fragen Sie sich, wie ein Chemiker oder ein Marketingexperte es sehen würde. Durch den Perspektivenwechsel nähern Sie sich dem Problem von verschiedenen Seiten an.

Beispiel *Thomas Alva Edison*

Zu Beginn seiner Karriere war Thomas Edison Telegrafist. Es war eine Zeit, in der es noch kein Telefon und kein Fax gab, hundert Jahre vor dem Internet. Die schnellste Form der Nachrichtenübermittlung war das Morsen. Persönliche Nachrichten, geschäftliche Mitteilungen, aber vor allem die Nachrichten des Tages kamen in Edisons Telegrafenstation an. Zu seinen Aufgaben gehörte es, Nachrichtenmeldungen mitzuschreiben und sie an die örtliche Druckerei weiterzugeben, die daraus Zeitungen machte. Dummerweise stimmte mit dem Empfang irgendetwas nicht, sodass er nur die Hälfte verstand. Statt »Präsident will neuen Haushalt vorlegen, aber die Opposition ist dagegen« hörte er: »Piep piep ... tsch ... piiieeep ... tsch ... piep piiieeep piep ... tsch ...« Er untersuchte das Morsegerät, den Hörer, die Leitungen, aber er konnte das Problem nicht beheben. Edison verließ die Denkautobahn und suchte nach Umwegen: Wenn er am Empfang schon nichts ändern konnte, versuchte er die Aufbereitung der empfangenen Nachrichten zu ändern. Edison erfand das Nachrichten-Puzzle. Er lernte systematisch alle Zusammenhänge im fernen Washington auswendig, sodass er die Zwischenteile selbst ergänzen konnte. Das funktionierte außerordentlich gut.

1. Definieren Sie das Problem aus verschiedenen Richtungen

Ein Problem sieht nur aus der gleichen Perspektive immer gleich aus. Wenn Sie es aus einer anderen Perspektive betrachten, sehen Sie es anders.

> **Tipp:** Das sind Ihre Schlüsselfragen zum Perspektivwechsel: Wer hat mit dem Problem zu tun? Wessen Sichtweise könnte hilfreich sein? Wessen Perspektive haben wir bislang noch nicht beachtet? Notieren Sie sich die verschiedenen Sichtweisen. Definieren Sie das Problem dann aus verschiedenen Richtungen.

Der Farbenhersteller – Auf der Suche nach Innovationen **Beispiel**

Im ersten Schritt haben Sie unter anderem die Chancen erkannt, eine Verpackung bzw. Applikation zu entwickeln, die den Transport einfacher macht, das Dosieren erleichtert und Klecksen verhindert. Sie können Produkte kreieren, bei denen der Spaßfaktor im Vordergrund steht und neue Marketingideen für die Produktpositionierung entwickeln. Betrachten Sie diese Probleme jetzt aus verschiedenen Richtungen: Notieren Sie die verschiedenen Kunden, die Sie haben, verschiedene Nutzertypen etc. Wenn Sie eine Marktforschung haben, ist das hilfreich. Wenn nicht: Beobachten Sie! Gehen Sie in einen Baumarkt, beobachten Sie, wer Farbe kauft und überlegen Sie, welche Gedanken die verschiedenen Menschen zu den verschiedenen Chancen haben.

Chance	Perspektive	Gedanken
Transport einfacher machen	Profi	»Jedes Mal muss ich die Treppen rauf und runter laufen, weil ich nur zwei Eimer auf einmal tragen kann.«
	Nutzer öffentlicher Nahverkehr	»Mit zwei Eimern Farbe in der Straßenbahn, das ist ganz schön doof.«
Dosieren leichter machen	Laie	»Ich habe keine Ahnung, wie viel Farbe ich für meine Wand brauche.«
		»Ich will nur eine kleine Ecke in Rot streichen.«
Klecksen verhindern	Bequeme	»Das ganze Theater mit dem Pinsel und der Farbe, das nervt.«
	Profi	»Beim Abkleben geht sehr viel Zeit verloren.«
Spaßfaktor	Vater	»Meine Kinder wollen dauernd mitmachen. Mit Papa malen, das ist für sie das Größte.«

2. Entwickeln Sie Fragen

Wie im Restaurant-Beispiel entwickeln Sie jetzt für die Wandfarbe Fragen, die der Startpunkt für den kreativen Prozess sind.

Gedanke	Frage
»Jedes Mal muss ich die Treppen rauf und runter laufen, weil ich nur zwei Eimer auf einmal tragen kann.«	Wie können wir Verpackungen so konstruieren, dass man mehrere gleichzeitig transportieren kann?
»Mit zwei Eimern Farbe in der Straßenbahn, das ist ganz schön doof.«	Welche Lösungen können wir entwickeln, damit Kunden Farbe leichter transportieren können?
»Ich habe keine Ahnung, wie viel Farbe ich für meine Wand brauche.«	Wie können wir Kunden beim Dosieren besser unterstützen?
»Ich will nur eine kleine Ecke in Rot streichen.«	Wie können wir Kleinstmengen verkaufen?
»Das ganze Theater: Pinsel und Rolle auswaschen, das nervt.«	Wie können wir das Auswaschen überflüssig machen?
»Meine Kinder wollen dauernd mitmachen. Mit Papa malen, das ist für sie das Größte.«	Wie können wir Malen zum Erlebnis für die ganze Familie machen?

Die Methode des Perspektivenwechsels können Sie bei jeder Problemstellung anwenden, für die Sie neue Ideen brauchen:

- Wenn Sie in einem Newsletter zum dreihundertsten Mal erklären müssen, wie toll Ihr Produkt ist: Wechseln Sie die Perspektive, und erklären Sie es aus verschiedenen Sichtweisen.
- Wenn Sie Marketingideen für Ihre Produkte suchen, aber am Chef der Handelskette scheitern, die die Produkte verkauft: Entwickeln Sie Ideen aus Sicht der Handelskette.
- Wenn Sie nach einer Geschäftsidee suchen, um Probleme von Kunden besser zu lösen: Überlegen Sie, aus welchen Perspektiven Sie die Probleme noch lösen könnten.

Vorsicht Falle! Die häufigsten Fehler bei der Suche nach neuen Wegen

Es ist gar nicht so schwer, neue Perspektiven zu wählen. Dummerweise stehen uns im Alltag einige Fallen im Weg, in die wir immer wieder hineintappen.

Bequemlichkeitsfalle Neue Wege zu gehen ist anstrengend. Es ist wie auf der Autobahn: Im Stau zu stehen ist ärgerlich, aber immer noch bequemer, als sich den Weg über die Nebenstrecken zu bahnen.

Pessimismusfalle Statt zu überlegen, welche neuen Wege sie gehen könnten, investieren Menschen viel Energie, um sich davon zu überzeugen, dass die neuen Wege sowieso nichts bringen. Kreative Energieverschwendung!

»Ich weiß es besser«-Falle In der Firma gibt es ganz viele »Experten«, die wissen, wie es am besten geht. Schließlich haben sie es ja schon seit Jahren so gemacht. Diese »Experten« rümpfen die Nase über jeden, der es anders macht. Um Gottes willen – die neuen Wege könnten am Ende ja sogar erfolgreich sein ... Lassen Sie sich nicht entmutigen!

Fazit

- Runter von der Denkautobahn! Verlassen Sie die Wege, die alle nutzen!
- Lernen Sie den Reiz von Nebenstrecken und Umwegen kennen!
- Nutzen Sie die Methodik, um Denkblockaden zu durchbrechen und neue Wege zu finden!

Inspirationen suchen:
Betreten Sie kreatives Neuland

Die Ziele dieses Kapitels

- Sie trainieren, die gedankliche Ebene zu wechseln.
- Sie erfahren, wie Sie Inspirationsfragen entwickeln.
- Sie lernen, Ihr Blickfeld zu erweitern – aber gezielt.

Viele Unternehmen verdienen das Prädikat »hundertprozentig inspirationsfrei«. Sie sind wie Raumschiffe. Ein großes Verwaltungsgebäude, oftmals in irgendeinem gesichtslosen Industriegebiet am Rande der Stadt. So gesichtslos, dass es dort nicht einmal Geschäfte gibt. Kontakt zu normalen Menschen? Fehlanzeige. Das Raumschiff ist voll von Bewohnern, die die gleichen Vorschriften befolgen, die gleichen Informationen bekommen und an den gleichen Meetings teilnehmen. Viele der Bewohner verpartnern sich übrigens untereinander und haben ihren Freundeskreis aus Raumschiffbewohnern zusammengestellt.

Im Raumschiff geht es von morgens bis abends um ein Thema, beispielsweise Versicherungen. In der typischen Versicherungsehe wird schon am Frühstückstisch über Versicherungen geredet, dann geht es neun Stunden in der Firma um Versicherungen, und nach Feierabend dreht sich immer noch alles um Versicherungen. Über ein ausgeklügeltes Rekrutierungsverfahren stellt das Unternehmen sicher, dass alle, die ins Raumschiff hineinwollen, hundertprozentig dorthin passen. Was zur Folge hat, dass sich selbst das Vorleben der Raumschiffbewohner nicht allzu sehr voneinander unterscheidet. Unter Umständen haben sie sogar den gleichen Studiengang mit den gleichen Professoren absolviert. Irgendwann wundert sich das Unternehmen, dass alle Mitarbeiter im eigenen Saft schmoren. Mal ehrlich: Wundert Sie das?

Als Erfinder, der viele Experimente mit Vakuum durchführte, wusste Thomas Edison: Im luftleeren Raum ist nichts. Nicht einmal Kreativität. Wo nichts ist, passiert auch nichts. Und so unternahm er immer wieder Reisen, um sich zu inspirieren, er führte Gespräche mit Menschen, die anders dachten als er, und er arbeitete an verschiedenen Erfindungen gleichzeitig. Mit dem Ziel, immer wieder neues Denken an sich heranzulassen.

»Ich bin ein guter Schwamm, denn ich sauge Ideen auf und mache sie dann nutzbar. Die meisten meiner Ideen gehörten ursprünglich Leuten, die sich nicht die Mühe gemacht haben, sie weiterzuentwickeln.«

Inspirationen zu sammeln – das werden Sie in diesem Buch feststellen – ist der schnellste und einfachste Weg zu neuen Ideen. Vor allem dann, wenn Sie sich gezielt inspirieren.

Warum wachsen auf dem Mond keine Blumen? Weil es dort kein Wasser gibt. Warum können Menschen unter Wasser nicht atmen? Weil es dort keine Luft gibt. Und warum können Sie auf einem neuen Computer, den Sie gerade gekauft haben, wenig finden? Weil die Festplatte noch leer ist. So ist es auch mit dem menschlichen Gehirn: Von einem leeren Gehirn können Sie keine kreativen Wunder erwarten. Schauen Sie sich einmal genau an, was »neue« Ideen in Wahrheit sind: Vielfach sind es Kombinationen aus Bekanntem, »einfach« neu zusammengesetzt. Was steckt hinter der Geschäftsidee von Blacksocks.com? Die Idee, schwarze Socken im Abonnement zu verkaufen, ist eine Kombination aus klassischem Internetshop und Zeitungsabo. Wissen Sie, was Apple-Chef Steve Jobs 1998 tat, bevor er den ersten iMac im transparenten, farbigen Gehäuse auf den Markt brachte? Er kombinierte das innovative Gehäuse mit den Farben von Gummibärchen – ja, er fuhr sogar in eine Gummibärchenfabrik, um herauszubekommen, wie die quietschbunt leuchtenden Farben entstehen. Und was ist das Geheimnis der Suchmaschine Google? Die Kombination aus einer Suchmaschine und einem uralten akademischen Prinzip.

Beispiel Wenn Sie »Autovermietung« eingeben, landen Sie sofort bei den größten und wichtigsten Anbietern und müssen sich nicht erst durch Hunderte Ergebnisse kleiner Autovermieter in Nordbayern und auf Sylt herumschlagen. Diese Idee – der sogenannte PageRank – war das, was Google zum Durchbruch verhalf: Die wichtigsten Webseiten sollen bei der Suche nach Informationen ganz vorne stehen. Larry Page, einer der Google-Gründer, überlegte, wie man die Popularität einer Webseite messen kann. Wo fand er die Lösung? Weit außerhalb des Internets. Carl Page, sein Vater, war Professor an der Michigan State University, und so lernte Larry Page schon als Kind, dass ein wissenschaftlicher Aufsatz als besonders wertvoll gilt, wenn er häufig zitiert wird. Aus dem akademischen Grundsatz »Der Wert eines wissenschaftlichen Aufsatzes steigt mit der Anzahl der Zitierungen« leitete Larry Page seine These ab: Der Wert einer Webseite steigt mit der Zahl der Links, die auf sie zeigen. Page ging noch einen Schritt weiter und sagte: Nicht alle Links sind gleich viel wert. Wenn eine wichtige Seite einen Link auf eine Webseite setzt, ist das höher zu bewerten, als wenn eine unwichtige Seite diesen Link setzt. Ähnlich wie in der Wissenschaft: Wenn ein einflussreicher bekannter Professor einen wissenschaftlichen Artikel zitiert, zählt das mehr, als wenn es ein Student in seiner Seminararbeit tut. Ein Prinzip aus der Welt der Wissenschaft führte zur Revolution im Internet.

Nichts ist nicht kreativ – werden Sie zum Ideenschwamm

Inspirationen gehören zur Kreativität wie das Mehl zum Brot. Die ganze Welt ist voller Inspirationsquellen. Egal ob im Supermarkt, im Blumenbeet vor Ihrer Haustür oder einer anderen Branche: Überall finden Sie Dinge, die Sie zu neuen Ideen anregen können. Inspirationen zu suchen und zu finden gehört zu den wichtigsten – und übrigens auch einfachsten – Methoden, um seinen kreativen Geist zu füttern.

Ich möchte Ihnen die Gedankenschritte, die zur Gründung von Google geführt haben, einmal grafisch aufzeigen. Das Prinzip hinter diesen Gedankenschritten ist stets dasselbe, egal ob Sie nach einer Geschäftsidee suchen, einen Roman schreiben oder Ihre Abteilung neu strukturieren wollen.

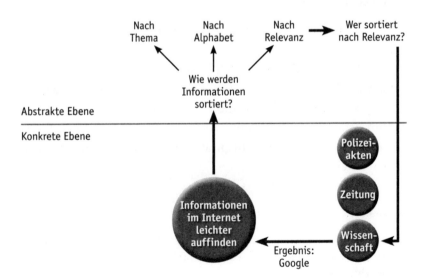

Mit dem Flipchart in den Kuhstall – Raus aus dem Gewohnten!

Wahrscheinlich haben auch Sie schon einmal den Rat gehört, doch häufiger mal über den Tellerrand zu gucken. Und automatisch fragen Sie sich: »Ja gerne, aber in welche Richtung?« Hilft es mir wirklich, wenn ich mich als Computertechniker mit Modedesign beschäftige? Was bringt es mir, wenn ich als Manager einen Nachmittag im Schweinestall bei einem Bauern verbringe? Natürlich, aus jeder menschlichen (oder im zweiten Beispiel schweinischen) Begegnung können Sie etwas Positives mitnehmen, doch was hilft es Ihnen bei der Lösung eines konkreten Problems? Nichts. Es sei denn, Sie haben eine konkrete Fragestellung im Kopf. Das ist der Schlüssel – ihr Blick wird gezielter, Sie suchen nach Details. Und genau das führt zu neuen Inspirationen.

So gehen Sie vor:

- Stellen Sie zunächst einmal eine konkrete Ausgangsfrage, die Ihr Problem umreißt.
- Machen Sie aus der konkreten Frage eine generelle Frage, indem Sie das Wort »generell« einfügen. Diese Frage ist die Voraussetzung, um über den Tellerrand zu blicken.
- Nun gehen Sie auf Abstand zu Ihrem Problem: Suchen Sie in anderen Bereichen nach Inspirationen suchen, die Sie auf neue Gedanken bringen.

Beispiel *Durch neue Ideen zur Gehaltserhöhung*

Nachdem Sie im letzten Schritt assoziative Fragen entwickelt haben, beginnen Sie jetzt mit der Suche nach konkreten Inspirationen. Generalisieren Sie die verschiedenen Fragen.

Konkrete Frage	Generelle Frage
Wie können wir Unvorhergesehenes besser einplanen?	Wie kann man sich generell auf Unvorhergesehenes vorbereiten?
Wie können wir dafür sorgen, dass unsere Kunden nicht verärgert werden?	Wie kann man generell dafür sorgen, dass Kunden nicht verärgert werden?
Wie können wir klarer kommunizieren?	Wie lässt sich Kommunikation generell klarer gestalten?

Jetzt gehen Sie auf die Suche nach Inspirationen. Suchen Sie gezielt bei Menschen, Unternehmen oder Institutionen, die für diese generellen Fragen bereits Lösungen gefunden haben.

- Wer ist darauf eingerichtet, auf Unvorhergesehenes zu reagieren? Die Polizei beispielsweise, Maschinen- und Anlagenbauer, private Wachdienste, Taxizentralen, aber auch Unternehmen, die regelmäßig Anrufe verzweifelter Kunden entgegennehmen müssen. Schauen Sie sich an, wie diese Institutionen oder Unternehmen arbeiten, mit welchen Abläufen und Computerprogrammen dort gearbeitet wird und wie dort mit einer großen Anzahl plötzlicher Anrufe umgegangen wird.
- Wer sorgt dafür, dass Kunden nicht verärgert werden? Suchen Sie nach Beispielen für besonders guten Reklamationsservice. Suchen Sie nach Beispielen außerhalb Ihrer Branche! Vielleicht kommt Ihre entscheidende Inspiration von einer Fluggesellschaft mit besonders gutem Kundenservice. Oder Sie nehmen an einer Schulung für Mitarbeiter von Beschwerde-Hotlines teil. Vielleicht interviewen Sie einen Paartherapeuten: Welche Rezepte hat er, um verärgerte Ehepartner wieder einander näher zu bringen?
- Wo finden Sie Beispiele für klare Kommunikation? Im Krankenhaus bei der Arztvisite: Alle stehen um den Patienten herum, der Arzt informiert sich, alle Mitarbeiter werden gleich mit informiert und die Maßnahmen werden festgelegt. Im Computermarkt: Wenn Sie einen PC kaufen wollen, finden Sie alle relevanten Informationen an einem Ort. Hersteller, Speicherkapazität, Funktionen, Preis und sogar häufig noch ein Testergebnis. Oder bei einem Navigationsgerät: Der Nutzer bekommt die wesentlichen Informationen immer dann, wenn er sie braucht. Und nur so viele Informationen wie er gerade braucht.

Beispiel *Ideen für ein cooles Restaurant*

Auch hier wieder das gleiche Vorgehen: Generalisieren Sie Ihre Fragen und gehen Sie auf die Suche in Bereichen außerhalb Ihrer Branche.

Konkrete Frage	Generelle Frage
Wie können wir unsere Gäste trainieren lassen?	Welche Trainingsmöglichkeiten gibt es generell?
Wie können wir unsere Gäste beim Kalorienzählen unterstützen?	Welche Formen der Kaloriendarstellung gibt es generell?
Wie können wir unsere Gäste massieren?	Welche Massagen und Massagedienste gibt es generell?
Wie können wir unseren Gästen beim Essen Bewegung verschaffen?	Welche Bewegungsapparate und Trainings gibt es generell?
Wie können wir die Trennkostdiät unserer Gäste unterstützen?	Welche Trennkostphilosophien gibt es generell? Welche Rezepte gibt es?

Jetzt beginnen Sie Ihre Suche nach Inspirationen:

- Wie werden Kalorien generell dargestellt? Im Internet finden Sie eine Firma aus den USA, die ihren Kunden das Kalorienzählen nicht nur erleichtert, sondern ihre Produkte nach der Anzahl der Kalorien positioniert. Den 100-Kalorien-Snack. Eine andere Firma wirbt für kalorienfreie Salatsaucen. Und ein Getränk mit grünem Tee wird als »Der Kalorienverbrenner« angepriesen.
- Beschäftigen Sie sich mit Diätphilosophien wie der Trennkost. Sprechen Sie mit Menschen, die diese Diät leben und Rezepte entwickelt haben, um leckere Gerichte zu kochen. Interviewen Sie Diätköche, schauen Sie in Internetforen nach Rezepten.
- Wie können wir unseren Gästen beim Essen Bewegung verschaffen? Schauen Sie sich im Sanitätsgeschäft um: Welche Sitzgeräte trainieren die Rückenmuskulatur? Recherchieren Sie im Sporthandel: Welche Geräte für Indoor-Sport gibt es? Was kostet beispielsweise eine Kletterwand oder eine Indoor-Golfanlage?

Der Farbenhersteller – Auf der Suche nach Innovationen **Beispiel**

Wenn Sie mit der Methodik vertrauter werden, können Sie mit einer Tabelle arbeiten, die drei Spalten enthält: Die konkrete Frage, die abstrakte Frage und mögliche Inspirationsquellen.

Konkrete Frage	Abstrakte Frage	Inspirationsquellen
Wie können wir Verpackungen so konstruieren, dass man mehrere Eimer gleichzeitig transportieren kann?	Welche Transportsysteme gibt es generell?	Hersteller von Kastensystemen, Lagerwirtschaft, Speditionen, Häfen, Versandhandel etc.
Welche Lösungen können wir entwickeln, damit Kunden Farbe leichter transportieren können?	Wie lassen sich Dinge generell einfacher transportieren und tragen?	Lebensmittelhersteller, Camping-Ausrüster, Sportgeschäft etc.
Wie können wir Kunden beim Dosieren besser unterstützen?	Welche Dosier- und Berechnungssysteme gibt es generell?	Architekten, Baustellen, Lebensmittelhandel, Medizintechnik etc.
Wie können wir Kleinstmengen verkaufen?	Wie werden Kleinstmengen generell verkauft?	Verpackungsindustrie, Tankstellen, Supermarkt, Fachhandel etc.
Wie können wir Klecksen verhindern?	Wie lässt sich Klecksen generell verhindern?	Kosmetikbranche, Reinigungsindustrie, Verpackungsindustrie Haushalt etc.
Wie können wir Malen zum Erlebnis für die ganze Familie machen?	Was sind generell Familienerlebnisse?	Freizeitparks, Familien, Medien etc.

- Verpackungen für Kleinstmengen: Fündig werden Sie im Supermarkt um die Ecke. Und notieren: Getränkedose, Transportkasten, Rucksack, Rasierschaumspender, Eimer, Tank, Schlauch, Kartusche, Ball, Fass, Tetrapack und so weiter. Mit der richtigen Fragestellung im Kopf wird der nächste Supermarkt zur besten Bildungsstätte, die es gibt.
- Klecksicherheit: In der Kosmetikindustrie finden Sie viele Applikationen, die mit Schwämmen funktionieren: Puder beispielsweise wird mit

Schwämmchen aufgetragen. In der Reinigungsindustrie finden Sie Hochdruck- und Niederdruckreiniger, ähnlich wie Lackierpistolen.
- Im Medienbereich finden Sie Sendungen wie Spongebob und Bob Baumeister, die speziell für Kinder konzipiert sind.

Recherchekreativität – eine wichtige Eigenschaft

An dieser Stelle brauchen Sie das, was gute Journalisten auszeichnet: Recherchekreativität. Zapfen Sie nicht immer die gleichen Quellen an. Suchen Sie Ihre Informationen dort, wo nicht alle gucken. Gehen Sie neue Wege! Holen Sie sich Inspirationen aus unterschiedlichsten Bereichen. Je mehr Inspirationen Sie jetzt finden und je unterschiedlicher diese Inspirationen ausfallen, desto besser werden später Ihre Ideen!

Beispiel   In einem meiner Seminare hat sich ein Kosmetikunternehmen Inspirationen in der Medizintechnik geholt. Die Firma suchte nach einer Idee, um Haare beim Auftragen von Farbe besser zu trennen. Wer ist Spezialist für die Trennung von Körperteilen? Chirurgen. Also haben die Mitarbeiter des Unternehmens systematisch Chirurgie-Instrumente untersucht. Und bekamen dort die entscheidende Inspiration, die zu einer neuen Idee für Kosmetikzubehör führte.

Tipp: Wie oft haben Sie schon gehört oder selbst gesagt: »Das kann ich nicht. Dafür bin ich nicht ausgebildet.«? Machen Sie sich bewusst, dass gerade das eine Stärke sein kann. Nutzen Sie den Blick des Seiteneinsteigers, der oft neue Perspektiven einbringt. Nicht die ewig gleichen Erfahrungen führen zu frischem Denken, sondern die, die anders sind.

Warum es sinnvoll sein kann, sich zu verzetteln

Wahrscheinlich haben Sie als Teenager auch die gut gemeinten Ratschläge Ihrer Eltern über sich ergehen lassen: »Verzettel dich nicht! Konzentrier dich auf eine Sache!« Im Labor ging Edison genau den anderen Weg.

Thomas Alva Edison Beispiel

Statt stur an einer Sache zu arbeiten, sprang er ständig von Projekt zu Projekt. Er arbeitete an bis zu 40 Erfindungen parallel. Das hatte unübersehbare Vorteile:

- Wenn er sich bei einer Idee verrannt hatte, wechselte er einfach und machte woanders weiter. Das nimmt den Druck und entlastet das Gehirn. Die Lösung kommt dann oft von alleine.
- Er konnte Lösungen, die er für ein Projekt entwickelt hatte, sofort auf andere übertragen.

So beeinflussten und inspirierten sich seine Projekte gegenseitig. Es ist kein Zufall, dass ein Großteil seiner Erfindungen Ähnlichkeiten und Gemeinsamkeiten aufweist. Seine Entwürfe für Telegrafengeräte haben Ähnlichkeit mit dem Phonographen, dem Vorläufer des Grammofons. Die Filmkamera war im Prinzip nichts weiter als ein Phonograph mit einer Filmrolle.

Experimentieren Sie! Auch wenn es nicht gleich zum Ziel führt!

Können Sie sich vorstellen, ohne konkretes Ziel mit den Dingen zu experimentieren, die Sie beschäftigen? Edison liebte es. Er verbrachte oft Zeit damit, Dinge im Labor miteinander zu kombinieren und aufzuschreiben, was passiert. Diese Notizen nutzte er teilweise Jahre später wieder in anderen Experimenten. »Für so etwas habe ich keine Zeit«, werden Sie jetzt wahrscheinlich sagen. »Ich muss Ergebnisse vorweisen.« Das musste Edison auch, nicht zuletzt, weil er sich selbst mit einer Ideenquote radikal unter Druck setzte. Er hätte niemals ziellos experimentiert, wenn er es nicht für sinnvoll erachtet hätte.

Sie wollen Texte verfassen, beispielsweise Produktbeschreibungen, Newsletter oder einen Businessplan? Experimentieren Sie mit verschiedenen Stilen: Was würde die *BILD*-Zeitung schreiben? Wie würde es in der *FAZ* stehen? Schauen Sie sich Webseiten von Kosmetikherstellern oder Werbeagenturen an: Wie sind die Texte verfasst? Versuchen Sie, diese Stile auf Ihre Produkte – beispielsweise Computerprogramme – anzuwenden. Schauen Sie doch einfach mal, was passiert ... Sie werden schnell merken, dass die angebliche Zeitverschwendung Ihnen wertvolle neue Inspirationen gibt.

Test: Schmoren Sie im eigenen Saft?

Wie ist es bei Ihnen? Finden Sie in Ihrer Umgebung und Ihren Arbeitsaufgaben vielfältige Inspirationen? Oder schmoren Sie genauso im eigenen Saft wie die Raumschiffbewohner, die Sie gerade kennen gelernt haben? Arbeiten Sie immer mit den gleichen Menschen? Ist Ihr Freundeskreis genauso wie Sie? Oder sind Sie wach und nehmen den Rest der Welt offen wahr? Dieser Test verrät es Ihnen.

	Trifft überhaupt nicht zu	Trifft nicht ganz zu	Weiß nicht	Trifft teilweise zu	Trifft voll und ganz zu
	−2	−1	0	+1	+2
»Ich komme bei meiner Arbeit mit vielen unterschiedlichen Menschen aus verschiedensten Abteilungen und Berufen zusammen.«					

»Ich wohne in einer Gegend, in der unterschiedlichste Lebensstile aufeinandertreffen: Studenten, Familien, Ältere, Studierte, Arbeiter.«					
»Mein Freundeskreis besteht aus sehr verschiedenen Menschen, bis hin zu ›bunten Vögeln‹. Ständig erfahre ich Neues.«					
»Ich suche gezielt nach neuen Denkweisen und neuen Eindrücken. Es macht mir Spaß, das Bekannte mit dem Neuen zu konfrontieren.«					
»Wenn ich andere Menschen kennen lerne, frage ich ihnen ein Loch in den Bauch. Ich möchte möglichst viel aus ihrer Welt erfahren.«					

Auswertung

−10 bis −6 Punkte Vorsicht Schmorgefahr! Momentan befinden Sie sich im Inspirationsvakuum. Es kommt kaum Neues an Sie heran. Wenn Sie Inspirationen nutzen, sind es meist Erfahrungen und Gespräche aus der Vergangenheit. Was tun? Job kündigen, Ehepartner/-in verlassen, Freundeskreis aufgeben? Bitte nicht vorschnell handeln! Wenn Sie sich ehrlich eingestehen, dass Sie unter einer Käseglocke leben, haben Sie den ersten Schritt getan. Machen Sie »Inspirationssuche« zu Ihrem persönlichen Ziel! Notieren Sie sich die Vorteile, die Ihnen das bringen wird. Rufen Sie sich das immer wieder in Erinnerung. Und beginnen Sie, Ihre Kreativität regelmäßig »aufzutanken«.

−4 bis 0 Punkte Sie bekommen mit, dass es eine Welt außerhalb Ihrer eigenen gibt. Machen Sie sich bewusst, wie wertvoll und bereichernd diese anderen Eindrücke sind. Gehen Sie auf die Suche nach neuen Eindrücken. Eine Entdeckungsreise, die Sie direkt vor Ihrer eigenen Haustür starten können. Denken Sie häufiger darüber nach, wie Sie Erfahrungen und Beobachtungen aus einer Welt in die andere bringen können. Sie werden ganz schnell eine wunderbare Erfahrung machen: Ihre Kreativität beginnt wie von alleine zu sprudeln!

1 bis 5 Punkte Sie haben nicht die volle Punktzahl, aber das macht nichts. Denn Sie sind offen und lassen Neues an sich heran. Ohne dabei in einer ständigen Flut von Neuem zu ertrinken. Wahrscheinlich haben Sie bereits eines festgestellt: Je mehr Neues Sie aufnehmen, desto leichter fällt es Ihnen, wieder Neues zu entdecken. Je mehr Inspirationsquellen Sie kennen, umso leichter fällt es Ihnen, gezielt nach neuen Quellen zu suchen. Achten Sie darauf, dass Sie sich – egal in welchem Job Sie sind, egal welche Position Ihnen angeboten wird – diese Offenheit erhalten!

6 bis 10 Punkte Sie inspirieren sich immer und überall, erhalten so ständig neue Eindrücke und müssten eigentlich ein kreativer Springbrunnen sein, aus dem es nur so heraussprudelt. Achten Sie aber unbedingt darauf, dass Ihr Brunnen in die richtige Richtung sprudelt. Fragen Sie sich immer wieder, ob Sie die richtigen Inspirationen bekommen. Und nehmen Sie sich die Zeit, Eindrücke zu verarbeiten. Letztlich zählt – wie bei der Ideenfindung selbst – nicht nur die Masse, sondern die Klasse Ihrer Inspirationen.

Vorsicht Falle! Die häufigsten Fehler bei der Suche nach Inspirationen

Ziellosigkeitsfalle Sie gehen zum Beispiel auf eine Messe – allerdings ohne eine konkrete Fragestellung im Kopf. Statt inspiriert und voller Ideen kommen Sie verwirrt und mit viel zu vielen Eindrücken zurück.

Vergleichbarkeitsfalle Der Blick über den Tellerrand ist ungewohnt. Der erste naheliegende Gedanke ist: »Das ist überhaupt nicht vergleichbar!« Überlegen Sie ein zweites und ein drittes Mal! Analogien sind nicht immer leicht zu erkennen.

Eigensaftfalle Sie suchen zwar den Blick über den Tellerrand, schmoren aber letztlich weiter im eigenen Saft. An Sie kommen praktisch keine neuen Inspirationen heran, Ihr Umfeld lässt es nicht zu.

Fazit

- Ohne Inspirationen ist der kreativste Mensch nicht in der Lage, neue Ideen hervorzubringen.
- Gehen Sie gezielt auf die Suche nach Inspirationen! Plötzlich wird selbst ein Supermarkt zu einer wertvollen Quelle Ihrer Kreativität.
- Geben Sie Ihrem Kopf kreatives Futter! Suchen Sie sich Aufgaben, bei denen Sie mit vielen verschiedenen Fachgebieten in Berührung kommen.

Spannung erzeugen: Wenn Geistesblitze zum kreativen Gewitter werden

Die Ziele dieses Kapitels

- Sie entdecken Thomas Edisons erfolgreichste Kreativtechnik.
- Sie erfahren, wie Sie die Inspirationen kombinieren können, die Sie gesammelt haben.
- Sie lernen Techniken kennen, mit denen Sie spielend Hunderte neuer Ideen erhalten.

Haben Sie Kinder? Dann kennen Sie das vielleicht: Nichtsahnend sitzen Sie vor dem Fernseher. Plötzlich hören Sie merkwürdige Geräusche aus dem Kinderzimmer. Ein rhythmisches Rascheln. Dazu etwas, das klingt wie die Saugglocke, mit der Sie gerade noch die Verstopfung in der Toilette beseitigt haben. Sie haben eine dunkle Vorahnung ... Sie gehen in das Zimmer und sehen exakt das, was Sie befürchtet haben: Quietschvergnügt haben Ihre Kleinen ein Orchester gegründet. Der Große gibt mit Toilettenbürste und einem Kochtopf den Takt an und die Kleine erfreut sich an dem Geräusch, das die Saugglocke an der Heizung macht. Für Eltern ein Albtraum, aber ungemein kreativ.

Denken Sie kaleidoskopisch!

Was bei der Ideenfindung im Kopf passiert, ähnelt dem, was beim Spielen im Kinderzimmer vor sich geht: Die kleinen Erfinder kombinieren Vorhandenes immer wieder neu und immer wieder anders. Sie bauen aus Bauklötzen einen Turm, reißen ihn ein und machen ein Schiff daraus. Dann nehmen Sie das Schiff auseinander und es wird zur Blume. Genau so sind die erfolgreichsten Erfindungen der Welt entstanden. Thomas Edison hat Dinge immer wieder neu, immer wieder anders zusammengesetzt.

»Ich will mich nicht auf ein bestimmtes Gerät festlegen. Ich habe unzählige Maschinen in meinem Kopf.«

Sein Geschäftspartner Edward Dickerson bewunderte den Erfinder für sein »bemerkenswertes kaleidoskopisches Gehirn. Er dreht seinen Kopf, und die Dinge kommen heraus wie aus einem Kaleidoskop, in verschiedenen Kombinationen, die meisten davon patentierbar.« Dickerson hat damit einen Begriff geprägt: kaleidoskopisches Denken. Das Geheimnis von Edisons Erfolg.

Thomas Alva Edison **Beispiel**

Edison arbeitete monatelang daran, eine funktionsfähige Sprechmuschel für das Telefon zu entwickeln. Gemeinsam mit seinem Team probierte er Grafit aus und kombinierte es mit allem, was er in die Finger kriegen konnte: Harz, Gelatine, Fischblasen, gebranntem Gips, ja selbst mit Zucker, Salz und Mehl. Nach über 150 Versuchen landete das Team schließlich bei Gummi. Dann ging es weiter. Grafit und Gummi wurden auf verschiedene Art und Weise zusammengepresst: Der Druck wurde variiert, die Form verändert, und jedes Mal prüfte Edison, was passierte. Am Ende einer spannungsgeladenen nächtlichen Erfindersession stand der Durchbruch. Edison notierte: »Herrlich! Telefon um 5 Uhr morgens perfektioniert!«

Auch Sie haben schon wie Edison gedacht

Ich wette, dass Sie diese erfolgreiche Denktechnik schon einmal angewendet haben. Und ich wette, dass Sie nicht im Ansatz ahnen, was Sie mit dieser Denktechnik alles bewirken können. Ich gehe sogar noch einen Schritt weiter: Ich wette, dass Sie gleich sagen werden: »Was? So einfach ist das?« Haben Sie sich im Kopf schon einmal Ihren Idealpartner zusammengesetzt? »Die Muskeln von Klaus, das Hirn von Bernd und der Geschmack von Horst, das wäre mein Traummann ...« Beziehungsweise: »Frech wie Jutta, das Gesicht von Hanna und die Figur von Klara.« Habe ich Recht? Edison war da nicht anders.

Beispiel *Thomas Alva Edison*

In seinem Tagebuch vom 12. Juli 1885 schreibt er: »Dachte an Mina [die ein Jahr später seine Frau wurde], Daisy und Mamma G. [die Frau eines Kollegen von Edison]. Habe alle drei in mein mentales Kaleidoskop getan, um eine neue Kombination zu erhalten. Habe Mina als Basis genommen und versucht, ihre Schönheit zu verbessern: Einige Gesichtszüge abgezogen, ein paar andere hinzugefügt, die ich mir von Daisy und Mamma G. geborgt habe.«

Öffnen Sie Ihre mentalen Schubladen

Wir neigen dazu, Dinge in eine mentale Schublade zu stecken und sie auch dort zu belassen. Es gibt uns Orientierung und entlastet das Gehirn. Es ermöglicht uns, einen Großteil der alltäglichen Probleme zu lösen, ohne darüber nachzudenken. Sie wollen das Zimmer verlassen. Müssen Sie intensiv darüber nachdenken, welche Funktion eine Tür hat? Nein. Ihr Gehirn öffnet einfach die entsprechende Schublade. Zimmer verlassen, dafür ist die Tür da. Punkt. Wenn Sie in der gleichen Sekunde darüber nachdenken würden, welche Funktion diese Tür noch haben könnte, wo sie in

Spannung erzeugen 91

der Literatur eine Rolle gespielt hat und welche Gegenstände vom Design der Tür beeinflusst wurden, würden Sie morgen noch im Zimmer sitzen. Es ist gut, dass wir im Alltag Routinen verwenden. Wenn Sie aber neue Ideen haben möchten, müssen Sie die Schubladen öffnen, Routinen aufbrechen.

Was ist ein Fußballstadion? Eine Sportstätte. Richtig. Oder besser gesagt: Falsch. Ein Fußballstadion ist auch eine Sportstätte. Warum ist ein Fußballstadion keine Einkaufsmeile, keine Diskothek, kein Bürozentrum oder keine Wohnanlage? Das dachte sich beispielsweise der Fußballclub Leyton Orient aus London und integrierte Eigentumswohnungen in die Stadionanlage. Meistens haben die Eigentümer in den Wohnungen ihre Ruhe, nur bei Spielen wird es etwas lauter. Für echte Fußballfans aber kein Problem: Sie sitzen in der ersten Reihe.

Beispiel

Erinnern Sie sich an Ottos alten Gag-Klassiker, wie man aus Papas Lautsprecherboxen wunderschöne Hamsterkäfige basteln kann? Ungefähr so müssen Sie sich Edisons Gedankengänge vorstellen: Er entwickelte eine Technologie, um die Telegrafie schneller zu machen, machte dabei eine interessante Entdeckung und war im nächsten Moment schon wieder dabei, diese Entdeckung zu nutzen, um andere Geräte zu verbessern.

»Nur weil eine Sache nicht das tut, was Sie von ihr wollen, ist sie nicht nutzlos.«

Aktivieren Sie Ihr Kaleidoskop

Durch neue Ideen zur Gehaltserhöhung

Beispiel

Nehmen Sie die assoziativen Fragen, die Sie gebildet und die Inspirationen, die Sie gefunden haben. Und kombinieren Sie sie zu Ideen. Im zweiten Schritt haben Sie bewusst Lösungsansätze aus verschiedenen Richtungen erarbeitet, im dritten Schritt haben Sie unterschiedlichste Inspirationen gesucht. Das ist Voraussetzung dafür, dass Sie jetzt unterschiedlichste Ideen entwickeln können.

Wie kann Ihre Firma besser auf Unvorhergesehenes reagieren?

- Die Ferndiagnose. Abgeguckt von Maschinen- und Anlagenherstellern, die ihre Maschinen in der ganzen Welt ausliefern und bei Problemen so schnell wie möglich reagieren müssen.
- Das Notfallset. Eine Anregung, die Sie aus dem örtlichen Hallenbad haben. Beim Bademeister hängt ein Erste-Hilfe-Kasten für Notfälle. Einen solchen Erste-Hilfe-Kasten bieten Sie Kunden zusammen mit Ihren Produkten an, was die Anzahl der Beschwerden möglicherweise drastisch senkt.
- Der Mehrstufen-Alarm. Ähnlich wie im Callcenter. Einfache Anfragen landen bei Mitarbeitern, die keine Spezialisten sind, sondern vor einer Datenbank mit genauen Handlungsanweisungen sitzen und mit Kunden die Probleme durchgehen. Erst die komplizierten Fälle werden an die Fachabteilung durchgestellt.

Wie kann in Ihrer Firma klarer kommuniziert werden?

- Die Projektvisite. Abgeschaut aus dem Krankenhaus. Einmal am Tag gehen alle gemeinsam alle Projekte durch, alles Relevante wird einmal besprochen, mehr nicht.
- Das Projektlabel. Ähnlich wie der Preisaushang im Computermarkt. Jedes Projekt bekommt ein Label, auf dem alle wesentlichen Punkte immer auf einen Blick zu erkennen sind.
- Der Projektnavigator. Ähnlich wie ein Navigationsgerät: Alle Projektbeteiligten erhalten genau die Informationen, die sie brauchen, zu dem Zeitpunkt, zu dem sie sie brauchen. Das Ziel: Reibungsverluste durch die falsche Information zur falschen Zeit reduzieren, doppelte und dreifache Absprachen verhindern.

Beispiel *Ideen für ein cooles Restaurant*

Wahrscheinlich haben Sie bereits bei der Recherche festgestellt, dass es im Kopf zu funken beginnt. Das ist normal: Unser Kopf bekommt das entscheidende Informationsstück und kann das Ideenpuzzle vervollständigen. Aus den assoziativen Fragen und den Inspirationen entstehen bei Ihnen folgende Ideen:

- Die Kalorienkarte. Die Gerichte sind konsequent nach ihrer Kalorienanzahl aufteilt: Der 200-Kalorien-Snack, das 400-Kalorien-Mittagessen und so weiter. Auf der Karte wird genau erklärt, welche Inhaltsstoffe das Gericht hat und wie sich die Kalorienanzahl zusammensetzt.
- Die Diätmenüs. In den Menüs erfahren Ihre Gäste, zu welchen Diäten die Gerichte passen, wie sie in einen Gesamternährungsplan passen, wie viele Weight-Watchers-Punkte das Gericht hat etc.
- Die Rückenlounge. Einen Teil Ihres Restaurants statten Sie mit Sitzen aus, die die Rückenmuskulatur in Bewegung halten. Gerade für Gäste, die den ganzen Tag über im Büro sitzen, ist so etwas ein gutes Angebot.
- Der Golfplatz. Sie stellen eine Indoor-Golfanlage auf, mit der die Gäste die Wartezeit überbrücken können.

Der Farbenhersteller – Auf der Suche nach Innovationen **Beispiel**

- Das Zwei-Quadratmeter-Set. Mit Farbe im Tetrapack, Rolle und Pinsel. Gedacht für Kunden, die nur eine ganz kleine Fläche streichen wollen.
- Die Niederdruckrolle. Eine Kombination aus der bekannten Farbrolle, dem Kosmetikschwamm und dem Druckreiniger: Mit Niederdruck wird die Farbe in eine Schwammrolle gepresst. Ein Sensor sorgt für die richtige Dosierung.
- Das Spongebob- oder Bob-der-Baumeister-Malset. Kinder lernen spielerisch, ihr eigenes Zimmer zu gestalten oder helfen den Eltern beim Renovieren.

Wichtig! Würgen Sie den Ideenmotor nicht gleich wieder ab. Im Anfangsstadium sehen die meisten Ideen merkwürdig aus. Sie brauchen sie aber als Basis für die Weiterentwicklung. Es geschieht sehr häufig, dass Sie Teilaspekte einer Idee aufgreifen und weiterentwickeln, die eigentliche Grundidee hingegen nicht umsetzen.

Tipp: Überlegen Sie nicht lange, ob es sinnvoll ist, noch eine Idee zu entwickeln. Entwickeln Sie möglichst viele Ideen: 10, 20, 30 oder sogar 50. Akzeptieren Sie zunächst jedes Ergebnis, egal wie absurd die Kombination erscheinen mag.

Beispiel

Mit einer Schweizer Firma hatte ich einen Workshop, bei dem es darum ging, neue Kundenevents zu entwickeln. Eine Ausgangsfrage war: Wie können wir das Networking besser herausstellen? Was lag näher, als sich Inspirationen bei professionellen Partnervermittlern zu holen und dann das Kaleidoskop zu aktivieren? Erfolgreiche Praktiken aus dem Heiratsmarkt – wie beispielsweise Speed-Dating oder Blindekuh – haben wir auf das Ausgangsproblem übertragen. Das Ergebnis: Business-Speed-Dating. Und ein Spiel, das wir »Blindekuh für Manager« getauft haben: Es werden Eigenschaften der Teilnehmer vorgestellt, die anderen raten, wer dahintersteckt.

Ich höre schon Ihre Bedenken: »Ist ja ganz nett und lustig, aber kann so etwas funktionieren?« Sicher, nicht jede Idee ist gut. Aber eine schlechte Idee ist oft die Grundlage für eine gute. Und: Auch das Scheitern ist wichtig für den kreativen Prozess, wie Sie im zweiten Teil dieses Buchs noch lesen werden.

Wie der Rollmops ins Bier kommt

Um Kombinationen zu bilden, wie Edison sie genutzt hat, können Sie eine Reihe von erprobten Methoden verwenden. In der einfachsten Form variieren Sie nur ein Merkmal Ihres Produktes. Sammeln Sie unter »Bestandteile« alle möglichen Zutaten, die Sie gerne mit Ihrem Produkt mischen möchten, bei »Nutzenmerkmale« überlegen Sie, welchen Zusatznutzen Sie damit erreichen können.

Nehmen Sie beispielsweise Bier. Mit Bier kann man gedanklich wunderbar herumspielen, weil brautechnisch viel mehr möglich ist, als das deutsche Reinheitsgebot zulässt. In kleinen Brauereien in der Schweiz wird Ihnen beispielsweise Holunderbier angeboten, dort darf etwas mehr experimentiert werden. Werden Sie zum kreativen Braumeister, und kombinieren Sie Produkt, Bestandteile und Nutzenmerkmale immer wieder neu.

Produkt	Bestandteile	Nutzenmerkmale
Bier	Aloe Vera	schöne Haut
	Goldblättchen	Status
	Spinat	Gesundheit
	Rollmops	cholesterinsenkend
	Rosenöl	Romantik
	Sellerie	...

So können Sie unglaubliche Kombinationen entwickeln: Honig- oder Rosenbier für romantische Momente, das Libidobier mit Austern und Sellerie, das Spinatbier für starke Muskeln und ein Bier mit dem schönen Namen »Goldküste«, das echte Goldblättchen enthält.

Matrix statt Rezeptbuch – Kochen Sie kreativ

Eine Methode, mit der Sie einen guten Überblick über die Kombinationsmöglichkeiten gewinnen, ist die morphologische Matrix (auch morphologischer Kasten). Sie wollen zum Beispiel ein Abendessen kreieren. Dazu sind eine Reihe von Teilfragen zu entscheiden. Ordnen Sie also zuerst jeder Teilfrage die Möglichkeiten zu, die Ihnen einfallen. Und schon haben Sie Ihre Matrix: beispielsweise die »Gerichtematrix« oder die »Soßenmatrix«.

Der Ansatz ist genau der gleiche wie der, mit dem Sie im Beruf neue Kombinationen bilden. Unten sehen Sie zwei Varianten. Werden Sie kreativ, erfinden Sie nach Belieben neue Spalten. So macht kreatives Denken Spaß!

Gerichtematrix

A. Hauptspeise	B. Beilage	C. Gemüse
1. Steak	1. Nudeln	1. Brokkoli
2. Fisch	2. Reis	2. Spinat
3. Tofu	3. Kartoffeln	3. Möhren
4. ...	4. ...	4. ...

Sie kombinieren: Tofu mit Nudeln und Spinat? Oder doch lieber Fisch mit Reis und ...?

Soßenmatrix

Zutat A	Zutat B	Zutat C	Gewürz
1. Olivenöl	1. Tomatenmark	1. Knoblauch	1. Safran
2. Sahne	2. Erdnüsse	2. Zwiebel	2. Anis
3. Kokosmilch	3. Apfel	3. Meerrettich	3. Chili
4. ...	4. ...	4. ...	4. ...

Ich wünsche Ihnen viel Spaß und eine experimentierfreudige Familie, die Ihr kreatives Ergebnis zu würdigen weiß!

Gebrauchsanleitung: Kaleidoskopisches Denken	
Wobei hilft mir kaleidoskopisches Denken?	90 Prozent aller Ideen sind kreative Kombinationen. Edisons mentales Kaleidoskop ist der schnellste Weg zu vielen neuen Kombinationsideen.
Wie wende ich das Kaleidoskop an?	Kombinieren Sie Ihr Ausgangsproblem mit den Inspirationen, die Sie gesammelt haben. Immer wieder neu, immer wieder anders. Dazu können Sie eine Matrix anfertigen.
Risiken und Nebenwirkungen	Sie brauchen eine hohe Fehlertoleranz. Und manch einer in Ihrem Umfeld wird Sie für verrückt halten. Erzählen Sie nicht gleich jedem, welche absurden Ideen Ihnen gekommen sind ...

Für ganz »Verrückte«: Ideenfindung mit der Unmöglich!-Liste

Wie ansprechend fänden Sie diese Angebote in einem Reisekatalog? »Genießen Sie eine Woche Aufenthalt im Erdbebengebiet. Durch die Risse in Ihrem Hotel haben Sie einen der schönsten Blicke auf die Ruinen der ehemaligen Hauptstadt. Tagesausflüge bringen Sie direkt ins Epizentrum des Tages.« Oder: »Dieses Hotel zeichnet sich vor allem durch seine überhöhten Preise und seine schmutzigen Handtücher aus.« Was ist Ihr erster Eindruck? So attraktiv wie eine Reise mit Malaria-Garantie, oder?

Genau nach solchen Ideen haben wir in einem Workshop mit einem Reiseanbieter gesucht, dessen Management Wege aus der Preisfalle finden wollte. Das Unternehmen war es leid, der hundertste Anbieter zu sein, der den Kunden verspricht, der billigste zu sein. Anstatt zu fragen, welche Produkte und Dienstleistungen das Reiseunternehmen den Kunden anbieten kann, haben wir mit Negativfragen gearbeitet, also gefragt: Welche Reisen würden

Beispiel

Kunden niemals buchen? Heraus kamen Reisen in Kriegsgebiete oder zu Naturkatastrophen, überteuerte Reisen, Reisen in Hotels mit schmutzigen Handtüchern, Alkoholiker-Reisen und Ähnliches.

Mit all diesen Ideen können Sie zunächst einmal nicht viel anfangen. Der wichtige Schritt ist deshalb der zweite: Sie führen die absurden Ideen durch Umbenennen, Verändern und Weiterentwickeln wieder in den Bereich des Möglichen zurück:

Umbennen Können Sie der Idee einen anderen Namen geben, sodass sie attraktiv wird?

Verändern Lassen sich die Idee oder Teile der Idee so verändern, dass die Idee in ein positives Denkschema passt?

Weiterentwickeln Ist es möglich, die Idee so weiterzuentwickeln, dass sie möglich statt unmöglich ist?

Egal wie absurd die Ideen klingen, die Sie entwickelt haben, egal wie verrückt, egal wie verspielt sie Ihnen erscheinen mögen: Gehen Sie nun ernsthaft daran, das Realisierungspotenzial jedes einzelnen Einfalls zu überprüfen. Die Tabelle zeigt am Beispiel des Workshops mit dem Reiseunternehmen, zu welchen Ergebnissen dieses Vorgehen führen kann.

Unmöglich	Variation	Möglich
Reisen zu Naturkatastrophen	Umbenennen	Vulkanreisen unter dem Motto »Faszination Erde«
Reisen in Kriegsgebiete	Verändern	Reisen unter dem Motto »Orte, die Geschichte machten«

Alkoholiker-Reisen	Verändern	Wein-Reise in die Toskana, Reise zu Whisky-Destillerien nach Schottland
Reisen in Hotels mit schmutzigen Handtüchern	Weiterentwickeln	Qualitätslabel für umweltbewusste und ressourcensparende Hotels (die unter anderem die Handtücher nicht jeden Tag wechseln)

Gebrauchsanleitung: Unmöglich!-Liste	
Wobei hilft mir die Liste der Unmöglichkeiten?	Die Unmöglich!-Liste gehört zu den verrücktesten Kreativmethoden. Nutzen Sie sie niemals alleine – sie ist zu unsystematisch. Aber Sie macht viel Spaß ... und führt oftmals zu ganz außergewöhnlichen Ideen.
Wie wende ich die Unmöglich!-Liste an?	Suchen Sie gezielt, wonach Sie nicht suchen. Reisen, die Sie niemals verkaufen würden, ein Essen, das Sie niemals kochen würden und so weiter. Dann führen Sie sie ins Positive zurück.
Risiken und Nebenwirkungen	Nicht empfehlenswert in allzu konservativen Unternehmen. Man könnte Sie schnell für verrückt erklären ...

Vorsicht Falle! Die häufigsten Fehler bei der Ideenentwicklung

Von wegen Neues ausprobieren ... In vielen Unternehmen herrscht eine ganz andere Mentalität. Statt Experimentierfreudigkeit gibt es den Zwang, jede Form von Fehlern zu vermeiden. Das hat absurde Folgen. Die Unternehmen tappen nahtlos zuerst in die

Angstfalle, dann in die Erfolgsfalle und schließlich in die Komafalle.

Angstfalle Um Fehler zu vermeiden, wird erst gar nichts gewagt. Statt Neues auszuprobieren, setzt man auf alte Rezepte.

Erfolgsfalle Wenn etwas gewagt wird, muss das Ergebnis in jedem Fall ein Erfolg sein. Es wird deshalb so lange auf Hochglanz poliert, bis die halbtote Idee nach einem Erfolg aussieht.

Komafalle Unternehmen investieren viel Energie, um diese halbtoten Ideen am Leben zu erhalten. Irgendwann scheitert die Idee, und alle fragen sich, wie es dazu kommen konnte.

Fazit

- Neue Kombinationen von Vorhandenem bringen Sie am schnellsten zu neuen Ideen.
- Wenn es etwas verrückter sein darf: Greifen Sie zur Unmöglich!-Liste!
- Geben Sie nicht auf, nur weil Sie denken, die Ideen seien alle »blöd«. Aussortieren können Sie später.

Ordnen und optimieren: Entwickeln Sie einen Goldriecher

Die Ziele dieses Kapitels

- Sie erfahren, wie Sie systematisch nach den besten Ideen suchen.
- Sie lernen, Ideen jetzt in die Tiefe statt in die Breite zu entwickeln.
- Sie trainieren, in Konzeptalternativen zu denken.

»Herr, schenke mir die Gelassenheit, meine schlechten Ideen hinzunehmen, die Kraft, meine guten Ideen umzusetzen und die Weisheit, die einen von den anderen zu unterscheiden.«

Zugegeben, der Originaltext lautet etwas anders. Ich habe mir die kreative Freiheit genommen, ihn an das Thema anzupassen. Kennen Sie irgendjemanden, der von vornherein nach einer schlechten Idee sucht? Oder nach einer mittelmäßigen? Ich nicht. Alle suchen nach Gold. Ideen, die genial, originell, leicht verständlich sind und deren Umsetzung denkbar ist. Dann haben sie diese Idee endlich gefunden. Und was tun sie? Sie greifen nach allem Möglichen – aber das Gold werfen sie weg! Das ist der Irrwitz der Ideenfindung: Die meisten Menschen beerdigen sofort alle Ideen, die außergewöhnlich oder einzigartig sind.

»Genial? Die Idee ist so gut, die hatte sicher schon jemand. Also weg damit!«

»Originell? Schön und gut, aber ... Ob das bei meinem Chef durchgeht? Das ist einfach zu außergewöhnlich.«

»Leicht verständlich? Wenn es so einfach wäre, könnte die Idee ja jeder haben. Das kann nichts sein.«

»Denkbar? Ach was! Wenn es funktionieren würde, hätte die Idee doch längst jemand umgesetzt!«

Edison hat systematisch nach den Goldstücken gesucht! Und diese dann in die Tiefe entwickelt. Und zwar zu mehr als nur einem Konzept. Häufig ist es so, dass wir eine gute Grundidee haben, die dann aber konventionell und ideenlos umgesetzt wird. Und dann scheitert. Am Ende heißt es: »Die Idee funktioniert nicht.« Dabei hätte es genau genommen heißen müssen: »Die Idee funktioniert, aber das Konzept war schlecht.«

Wenn Thomas Edison die Goldstücke unter seinen Ideen herausgepickt hatte, machte er unzählige Skizzen, die ihm immer wieder vor Augen führten, wie das Endergebnis aussehen könnte. Erst wenn er die verschiedenen Umsetzungsmöglichkeiten genau vor sich gesehen und sie in all ihren Variationen durchdacht hatte, war er bereit, sich für eine Variante zu entscheiden. Seine Philosophie war: Ohne ein überzeugendes Konzept ist selbst die beste Idee wertlos.

Beispiel *Thomas Alva Edison*

Edison beauftragte einen seiner Mitarbeiter damit, neue Wege für die Entwicklung einer Maschine zu finden. Der Ingenieur machte sich sofort an die Arbeit und überreichte Edison an einem Samstagnachmittag drei Entwürfe. Edison fragte: »Meinen Sie, dass das alle Möglichkeiten sind?« Der Ingenieur antwortete: »Ja, ganz sicher.« Am Montagmorgen überreichte Edison seinem Ingenieur einen Ordner mit 48 verschiedenen Entwürfen.

Gewöhnen Sie sich an, aus Ihren Ideen mehrere Konzeptskizzen zu entwickeln. Denken Sie dabei stets in Alternativen! Stellen Sie sich die Suche nach erfolgreichen Ideen an diesem Punkt als einen Ideenwettbewerb vor.

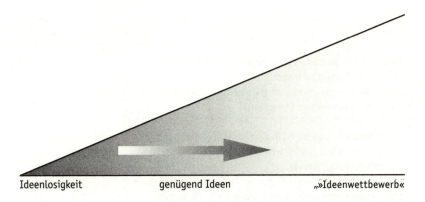

Ideenlosigkeit — genügend Ideen — „»Ideenwettbewerb«

Es geht darum, die Grundidee auf dem bestmöglichen Weg umzusetzen und sie zu perfektionieren. Erst dann hat sie die Chance, eine wirklich erfolgreiche Idee zu werden!

Suchen Sie nach Gold!

Nachdem Sie Ihr mentales Kaleidoskop gedreht und gedreht haben, werden Sie von der puren Masse der Ideen förmlich überwältigt. Reduzieren Sie nun die Zahl der Möglichkeiten drastisch! Aber Achtung: Legen Sie jetzt nicht sofort die Scheuklappen wieder an, von denen Sie sich mühsam befreit haben! Was Sie brauchen, sind die Ideen, die einzigartig sind, die einfach zu verstehen sind. Und vor allem diejenigen, die Erfolg versprechen. Die Goldstücke unter Ihren Ideen.

Der Gold-Test

Mit dem Gold-Test gehen Sie Ihre gesammelten Ideen durch und trennen die wertvollen Nuggets vom Rest.

	Ja	Nein
Genial: »Die Idee ist herausragend und überlegen.« *Haben Sie »Nein« angekreuzt?* Vielleicht ist es doch nur eine Durchschnittsidee. Wenn Sie die nicht haben wollen: Streichen!	○	○
Originell: »Meine Idee ist in dem Zusammenhang, in dem ich sie präsentiere, wirklich neu.« *Haben Sie »Nein« angekreuzt?* Überlegen Sie noch einmal kurz, ob Sie in der Konzeptphase neue Ideen hinzufügen können. Wenn nicht: Streichen!	○	○
Leicht verständlich: »Meine Idee ist einfach, verständlich und in wenigen Worten zu erklären.« *Haben Sie »Nein« angekreuzt?* Überlegen Sie noch einmal, ob Sie die Idee besser auf den Punkt bringen können. Wenn nicht: Streichen!	○	○
Denkbar: »Wenn mich jemand fragt, warum meine Idee Erfolg haben könnte, fallen mir sofort gute Argumente ein.« *Haben Sie »Nein« angekreuzt?* Wenn Sie nicht an Ihre Idee glauben, wird es niemand anders tun! Können Sie starke Argumente entwickeln? Wenn nicht: Streichen!	○	○

»Gibt's das Gold auch in Grau?« – Unternehmen und ihre Innovationsphobien

Gerade große Unternehmen sind Meister darin, das Gold zu ignorieren und das Blei zu finden. Oder sie finden das Gold und verwandeln es anschließend in Blei. Genial, originell, leicht verständlich und denkbar? Von wegen! Die Idee muss dem konservativen alternden Vorstandsvorsitzenden genauso gefallen wie dem jungen aufstrebenden Abteilungsleiter. So kommen nur die faden Kompromisse durch. Danach gibt jeder seinen Senf dazu: Aus der einfachen Idee wird eine, die niemand mehr versteht. Und weil sich am Ende niemand erlauben kann zu scheitern, suchen alle Beteiligten krampfhaft nach Sicherheit. Das Motto lautet: »Suche neue Wege, aber wehe du verläufst dich!« Folgerichtig bleiben alle lieber auf den Wegen, die sie kennen. Statt Gold in den Händen zu halten, bekommen sie Blei. Blass, langweilig, erprobt und ideenlos:

Blass »Jetzt haben wir endlich einen Kompromiss gefunden, mit dem alle leben können.«

Langweilig »Bloß keine Revolution! Wir wollen nicht so sehr auffallen.«

Erprobt »Hat das schon mal funktioniert? Nein? Dann lassen wir es.«

Ideenlos »Wir sind doch eher konservativ. Streichen Sie das Neue da bitte mal raus!«

Man kann zu dem Slogan »Geiz ist geil« stehen, wie man will. Die Idee war Gold! Was wäre wohl geschehen, wenn Sie die Idee vorgebracht hätten? In vielen Unternehmen wäre das hier passiert:
   Sie: »Ich habe einen tollen Slogan: ›Geiz ist geil!‹«
   Chef: »Oh, das könnte gefährlich werden. Das Wort ›geil‹ im Zusammenhang mit unserer Firma. Das macht mir Angst!«
   Marketingleiter: »Ersetzen Sie doch ›geil‹ einfach durch ›gut‹. Dann ist es schön.«
   Marktforscher: »Das Wort ›Geiz‹ löst nach unseren Studien negative Assoziationen aus.«

Beispiel

Marketingleiter: »Dann ersetzen wir ›Geiz‹ durch ›Sparsamkeit‹.«
Chef: »Das Wort ›Sparsamkeit‹ passt ohnehin besser zu uns.«
Aus »Geiz ist geil« wird der bleierne Slogan »Sparsamkeit ist gut«. Und am Ende wundern sich alle, dass die Idee nicht einschlägt.

Gold oder Blei: Was halten Sie in der Hand?

Tipp: Wollen Sie Ideen in einer Gruppe entwickeln? Notieren Sie jede Idee auf eine Karte und lassen Sie alle Teilnehmer der Gruppe nacheinander beurteilen, ob die Idee Gold oder Blei ist. Jeder vergibt Punkte. Am Ende überprüfen Sie, in welche Richtung die Idee geht: eher Gold oder eher Blei. Sie erhalten so ein Stimmungsbild, das Ihnen bei der Entscheidung hilft.

GOLD oder BLEI?
IDEE

Genial	O	Blass	O
Originell	O	Langweilig	O
Leicht	O	Erprobt	O
Denkbar	O	Ideenlos	O

Vorsicht Sackgasse! So entwickeln Sie Ihre Ideen konstruktiv weiter

Im nächsten Schritt geht es darum, aus der Idee ein Konzept zu entwickeln. Ohne ein Konzept können Sie keine abschließende Beurteilung treffen. Jede noch so gute Idee kann an einem schlechten Konzept scheitern! Und bei vielen Ideen, von denen Sie meinen, sie seien gescheitert, stimmt das gar nicht. Das Konzept war nur schlecht.

Die wichtigste Regel an dieser Stelle lautet: Vermeiden Sie Fragen, die Sie unweigerlich in eine Sackgasse bringen. Das sind vor allem geschlossene Fragen (Entscheidungsfragen), also Fragen, die man nur mit Ja oder Nein beantworten kann. Auf die Frage »Ist die Idee technisch umsetzbar?« oder »Lässt sich die Idee vermarkten?« finden Sie mit fast hundertprozentiger Sicherheit jemanden, der mit »Nein« antwortet. Statt die Idee konstruktiv weiterzuentwickeln, müssen Sie sie jetzt verteidigen. Oder sie wird gleich totdiskutiert. Auf jeden Fall landen Sie in der Sackgasse.

Beginnen Sie jede Frage, die Sie stellen, mit einem Wort, das nur aus drei Buchstaben besteht. Dieses Wort spielt eine entscheidende Rolle: Es verhindert, dass Sie in der Sackgasse landen und eröffnet eine Vielzahl an Möglichkeiten. Das Wort heißt: »Wie« oder auch »Wer«.

Geschlossene Frage	Offene Fragen
Ist die Idee technisch umsetzbar?	*Wie* ist die Idee technisch umsetzbar? *Wie* können wir die Idee technisch umsetzen?
Ist die Idee zu vermarkten?	*Wie* ist die Idee zu vermarkten? *Wie* können wir die Idee vermarkten?
Bringt die Idee Geld ein?	*Wie* bringt die Idee Geld ein? *Wie* verdienen wir mit der Idee Geld?
Ist die Idee finanzierbar?	*Wie* ist die Idee finanzierbar? *Wie* können wir die Idee finanzieren? *Wer* kann die Idee finanzieren?

Tipp: Erfolgreiche Menschen zeichnen sich dadurch aus, dass sie an dieser sensiblen Stelle des Prozesses nicht aufhören, kreativ zu sein. Sie denken über verschiedenste Lösungswege nach. Wer Ideen von vornherein ablehnt, ist zu faul zum Denken. Lassen Sie sich Ideen von den Denkfaulen und Bedenkenträgern nicht kaputtreden!

Ich möchte Ihnen dazu noch einen Begriff vorstellen: Den »E. N. E.«, den »ersten naheliegenden Einfall«.

Weg mit dem ersten naheliegenden Einfall!

Der E. N. E. ist der Todfeind jedes kreativen Konzepts, wenn Sie sich mit ihm zufriedengeben. Ein kreatives Konzept lebt nicht nur durch die Grundideen, sondern vor allem durch die vielen kleinen Konzeptideen, die diese Grundideen unterstützen. Oft ist es sogar so, dass Sie ohne die Konzeptideen eine Grundidee gar nicht beurteilen können! Ich habe es oft in meinen Workshops erlebt, dass Teilnehmer sagten: »Das ist eine blöde Idee.« Dann haben andere Teilnehmer nur eine Kleinigkeit geändert und die Reaktion war: »Na gut, so ist die Idee gut.« So erarbeiten Sie ein kreatives Konzept: Nehmen Sie alle Einzelteile, die Ihre Ideen ausmachen. Schreiben Sie zunächst zu jedem Punkt den E. N. E. auf. Vielleicht auch noch den Z. N. E. und den D. N. E., den zweiten und dritten naheliegenden Einfall. Und dann erarbeiten Sie alternative Ideen, die anders und origineller sind. Anhand der drei Beispiele aus dem Buch zeige ich Ihnen, wie Sie für Ihre Ideen verschiedene kreative Konzeptalternativen weiterentwickeln können.

Durch neue Ideen zur Gehaltserhöhung **Beispiel**

Aus den vielen Ideen, die Sie hatten, suchen Sie zwei Goldstücke aus: Beispielsweise die Ferndiagnose, das Notfallset und den Projektnavigator. Diese Ideen wollen Sie in die Tiefe verfolgen, die anderen legen Sie zunächst einmal beiseite.

Thema	Naheliegend	Anders	Origineller
Ferndiagnose	Computer hilft, aus der Entfernung Probleme zu beseitigen.	Computer überwacht und sieht Probleme bevor sie überhaupt entstehen.	Kunden-»Doktor«, der Diagnosen erstellt.
Notfallset	Handbuch mit Hinweisen, was es zu beachten gilt.	Erste-Hilfe-Kasten mit Ersatzteilen, Rettungsdiskette etc.	»Panik-Comics«: Einfach und verständlich werden Lösungen erklärt.
Projektnavigator	Intranet- oder Internetlisten, bei denen das Wichtigste zuerst steht.	Projekt-News: Alle Beteiligten erfahren in 60 Sekunden immer den neuesten Stand.	Online-Tool, das wie ein Navigationsgerät aufgebaut ist.

Wenn Sie Ihre ersten Ideen als E. N. E. betrachten, nehmen Sie einen großen Druck von sich. Ideen müssen nicht von Anfang an perfekt sein! Nehmen

Sie sie als Grundlage für weitere Konzeptideen. Verändern Sie sie, sprechen Sie sie mit Menschen durch, die Ihnen neue Anregungen geben können. Lassen Sie sich in der Optimierungsphase nicht zu sehr unter Druck setzen. Erfolgreiche Ideen sind durchdachte Ideen. Kreative Schnellschüsse gibt es genug!

Beispiel *Ideen für ein cooles Restaurant*

Auf dem Weg zu Ihrem »Health & Fitness«-Restaurant sind Sie inzwischen einen großen Schritt weiter: Sie haben nicht nur die Grundidee, sondern auch bereits Ideen für die Details. Eine Speisekarte, die Gäste beim Kalorienzählen unterstützt und auf verschiedenste Diätpläne abgestimmt ist. Eine Rückenlounge und eine Indoor-Golfanlage? Klingt zunächst einmal nach Gold. Sie kann aber schnell zu Blei werden, wenn die Ausführung der Ideen fad ist oder Sie schlicht und einfach vergessen, das Umfeld mitzuentwickeln. Passen Sie Edisons Zitat für sich an: »Ich will mich nicht auf ein bestimmtes Restaurant festlegen. Ich habe unzählige Möglichkeiten in meinem Kopf.« Am Beispiel des »Health & Fitness«-Restaurants zeige ich Ihnen Schritt für Schritt, wie Sie eine Idee als Ganzes entwickeln können.

Thema	Naheliegend	Anders	Origineller
Karten mit Kalorienzähler	Bedienung kommt, übergibt Speisekarte.	Bestellung über Bildschirm am Tisch mit Kalorienrechner.	Persönliche Kalorienkarte, die meinen Speise- und Bewegungsplan kennt und ein persönliches Menü zusammenstellt.
Rückenlounge	Sitze, die die Rückenmuskulatur bewegen.	Höhenverstellbare Tische, die sich den Gästen anpassen.	Massagesessel oder Massagen während des Essens.

Die Vielzahl möglicher Konzepte sorgt dafür, dass Sie sich nicht zu schnell auf eine einzige Umsetzungsidee festlegen. Seien Sie offen für Alternativkonzepte. Das hilft Ihnen auch später weiter. Wer sagt, dass alles das, was

Sie sich vorstellen, am Ende finanzierbar ist? Warum entwickeln Sie Ihr Restaurant nicht von vornherein in mehreren Stufen? Erst einmal sehen, wie es angenommen wird, anschließend weitere Investitionen planen.
»Ich finde Massagesessel blöd!« Dann streichen Sie die Idee eben wieder. Es ist viel einfacher, Ideen, die man einmal hat, wieder zu streichen, als sie zu entwickeln. Haben Sie erst einmal den Mut, das Unmögliche zu denken. Gewöhnen Sie sich an, bei allen Ideen, die Sie haben, drei bis fünf verschiedene Konzepte zu entwickeln.

Der Farbenhersteller – Auf der Suche nach Innovationen | Beispiel

Ist die Niederdruckrolle eine gute Idee oder nicht? Das können Sie erst dann zuverlässig beurteilen, wenn Sie wissen, wie sie aussieht, wie sie funktionieren soll, welche Funktionalitäten sie hat, wie stabil und zuverlässig die Schwammrolle ist und wie gut das Gerät Klecksen verhindert. Identifizieren Sie die kreativen Stellhebel, an denen Sie drehen können und die Sie verändern können. Es fällt Ihnen wesentlich leichter, verschiedene Konzepte zu entwickeln, wenn Sie die Stellhebel vor sich haben.

Aussehen und Form Pistolenform, klassische Rollenform, Rucksackmodell (Farbe auf dem Rücken, vorne die Rolle), ...

Applikatoren Naturschwamm, Kunstschwamm, klassische Rolle, Spezialaufsätze (Eckschwamm), ...

Funktionalitäten Farbdichte regulierbar, Druck regulierbar, automatischer Farbdichtenmesser, integrierter Farbmischer, ...

Wenn Sie die verschiedenen kreativen Stellhebel identifizieren und sich systematisch überlegen, was Sie alles verändern können, hat das zwei entscheidende Vorteile:

1. Sie haben später mehr Auswahl bei der Entscheidung und können zwischen vielen Ideen auswählen.
2. Sollte Ihre Idee auf Anhieb nicht gleich funktionieren, kennen Sie bereits mögliche Stellhebel, um sie zu verändern.

Lassen Sie Ihre Ideen nicht allein – Ohne Umfeld funktioniert es nicht

Die Zahl der unverstandenen Revolutionäre ist groß. Menschen, die eine fantastische Idee hatten, ein überzeugendes Konzept und trotzdem gescheitert sind. Manchmal hat es einen ganz banalen Grund: das falsche Umfeld. Eine Glühbirne ist nur dann eine Gold-Idee, wenn Sie sie auch nutzen können. Wenn Sie auf einer einsamen Insel landen und jemand drückt Ihnen eine Glühbirne in die Hand, fänden Sie das alles andere als überzeugend. Genauso ist es, wenn Sie in einem Unternehmen arbeiten, eine Idee vorschlagen und alle Kollegen entnervt sagen: »So eine blöde Idee!« Mit Ihnen und Ihrer Idee ist vielleicht alles in Ordnung, nur das Umfeld stimmt nicht.

Beispiel *Durch neue Ideen zur Gehaltserhöhung*

Sie haben ein kreatives Konzept entwickelt, wie Sie die Reisekosten durch ständige Kriseneinsätze von Mitarbeitern senken können. Sie haben Ihre Idee einer Ferndiagnose inzwischen ausformuliert und stellen Sie in Ihrem Unternehmen vor. Rechnen Sie damit, dass nicht sofort jeder im Unternehmen laut »Hurra!« ruft. Ihr Chef ist möglicherweise skeptisch, weil er fürchtet, dass der Kundenkontakt leidet und Kollegen befürchten, dass Arbeitsplätze abgebaut werden. Was Sie tun können:

Problem	Lösungsmöglichkeiten
Ihr Chef unterstützt die Idee nicht.	Verändern Sie die Idee so, dass er damit bei seinen Vorgesetzten Punkte sammeln kann. Oder suchen Sie sich einen anderen Chef.
Andere Abteilungen sind von Ihrer Idee betroffen und fühlen sich bedroht.	Entschärfen Sie die Idee. Oder suchen Sie sich Verbündete in anderen Abteilungen, und verändern Sie die Organisation.
Etc.	

Im nächsten Kapitel werden Sie im Detail erfahren, wie Sie eine Strategie erarbeiten können, um Ihre Ideen innerhalb einer Firma durchzubringen. Schließlich wollen Sie Ihre Ideen am Ende erfolgreich umsetzen und nicht als Prophet gelten, der im eigenen Land nichts gilt. Oder?

Jede Idee braucht das entsprechende Umfeld, das sie als gut und kreativ einstuft, das sie annimmt und fördert. Sind Sie von Ihrer Idee überzeugt? Dann geben Sie nicht auf! Die Voraussetzungen für Ihre Idee sind nicht vorhanden? Dann schaffen Sie die Voraussetzungen! So wie Thomas Edison es mit der Glühbirne getan hat. Oder es ergeht Ihnen wie Heinrich Goebel, den Sie im Schnelleinstieg kennen gelernt haben.

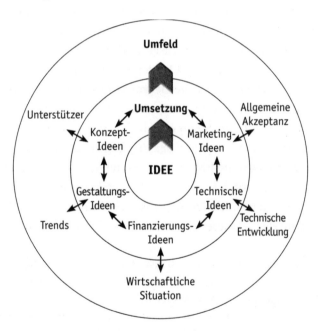

Ideen für ein cooles Restaurant Beispiel

Nehmen wir an, Ihr Restaurant liegt in einer Ecke der Stadt, in der abends nicht so viel los ist. Ein Weg wäre, darüber frustriert zu sein und mit niedrigen Umsätzen zu überleben. Der Edisonsche Weg ist anders: Organisieren Sie Sportfeste und Gesundheitstage, um Menschen in den Stadtteil zu bekommen, gewinnen Sie andere Firmen dafür, gemeinsames Stadtteilmarketing zu machen und Konzepte aufeinander abzustimmen. Statt über das schlechte Umfeld zu jammern, entwickeln Sie es einfach. Statt nur Ihr Restaurant aufzuwerten, werten Sie das Umfeld auf.

»Hatten wir alles schon«? Von wegen!

Wenn Unternehmen sich sehr lange mit neuen Ideen beschäftigen, entsteht irgendwann ein dicker Ordner. Unter der Aufschrift »Abgelehnt!« sind all die schönen Ideen, die im Laufe der letzten Jahre entstanden sind, abgelegt. Alle wurden irgendwann einmal als potenzielle Goldstücke identifiziert, aber dann aus irgendwelchen Gründen doch nicht umgesetzt. Oder sie haben nicht funktioniert. Inzwischen hat der Ordner Staub angesetzt. Jedes Jahr gehen die Mitarbeiter des Unternehmens pflichtgemäß einmal den Ordner durch. Niemand hat den Mut, eine Idee daraus umzusetzen, denn sie trägt den Stempel »Hatten wir schon, funktioniert nicht«. Wenn es eine Top Ten der größten Ideenkiller gäbe, diese Aussage würde es mühelos unter die ersten drei schaffen. Die Idee wird einfach für tot erklärt. Irgendwann kommt jemand anders und führt die gleiche Idee zum Erfolg. Verwundert fragen Sie sich: »Wie konnte das passieren?« Heinrich Goebel lässt grüßen!

Beispiel Vor einigen Jahren hat ein Unternehmen, das seine Produkte hauptsächlich über Baumärkte vertreibt, eine Produktidee abgelehnt. Es hätte ein völlig neuer Vertriebskanal aufgebaut werden müssen, und das war nicht zu schaffen. Einige Jahre später haben sich die Strategien der Baumärkte geändert: Das gleiche Produkt, das sie vor fünf Jahren nicht verkaufen wollten, passt heute ins Sortiment.

Werfen Sie einen neuen Blick auf Ihre alten Goldstücke! Ihre besten Ideen finden sich möglicherweise unter den Ideen, bei denen

Sie sagen: »Schade, hat nicht funktioniert.« Inzwischen hat sich aber vielleicht das Umfeld geändert, oder Sie haben neue Möglichkeiten, das Umfeld zu gestalten.

»Eine gute Idee geht niemals verloren. Selbst wenn ihr Urheber oder Besitzer stirbt, wird sie eines Tages im Kopf eines anderen Menschen wiedergeboren.«

Vorsicht Falle! Die häufigsten Fehler bei der Optimierung von Ideen

Beim Ordnen und Optimieren Ihrer Ideen – das haben Sie gemerkt – entscheidet sich, welche Ideen im Kreativprozess am Ende bestehen können und welche auf der Strecke bleiben. Die Auswahl der Ideen und ihre Optimierung sind mindestens genauso wichtig wie die Ideenfindung selbst. Es gibt auch dabei einige Fallstricke.

Gewohnheitsfalle Sie glauben nicht an die Idee, weil Sie sie noch nirgendwo sehen. Das ist nicht ungewöhnlich: Wir orientieren uns immer an dem, was wir kennen. Haben Sie Mut!

Die E. N. E.-Falle Mühsam ringen Sie sich zu einem Konzept durch. Das hat viel Schweiß gekostet. Jetzt noch ein zweites, drittes und viertes Konzept entwickeln? Sie fragen sich: »Wozu? Ich habe doch schon eines.« Damit bleiben Sie beim ersten naheliegenden Einfall stecken.

Die »Hatten wir schon«-Falle Sie beschäftigen sich viel mit neuen Ideen. Das führt dazu, dass Sie alles schon einmal gehört, wenig allerdings in die Tiefe entwickelt haben. Überprüfen Sie, ob sich die Bedingungen für die Realisierung der Idee verändert haben oder verändern lassen, bevor Sie sie verwerfen.

Fazit

- Suchen Sie nach Gold! Vergessen Sie das Blei.
- Haben Sie den Mut, Gold auch Gold bleiben zu lassen. Vorsicht vor faulen Kompromissen!
- Entwickeln Sie immer mehrere Konzepte. Und berücksichtigen Sie das Umfeld.

Nutzen maximieren:
Werden Sie zum Ideenverkäufer

Die Ziele dieses Kapitels

- Sie trainieren, Begeisterung für Ihre Ideen zu wecken.
- Sie erfahren, wie Sie größtmöglichen Nutzen für alle Beteiligten schaffen.
- Sie lernen, wie Sie Ihre Ideen durchsetzen können, auch wenn alles dagegen spricht.

Sind Sie schon einmal bei einer PowerPoint-Präsentation eingeschlafen? Kennen Sie das Gefühl, nach einer Dreiviertelstunde Präsentationsfolter Kopfschmerzen zu bekommen? Und können Sie sich daran erinnern, wie Sie dem Kollegen aus der Finanzabteilung am liebsten den Hals umgedreht hätten, als er nach gefühlten 100 Folien sagte »Noch kurz ein paar Zahlen, die wichtig sind ...«?

Das Verkaufen von Ideen ist eine Sonderdisziplin der Kreativität. Es genügt nicht, einfach nur gute Einfälle zu haben, Sie müssen bei anderen – Kunden, Kollegen, Investoren, Ihren Vorgesetzten – Feuer entfachen. Nehmen wir an, Sie sind Ingenieur und Sie haben etwas komplett Neues entwickelt. Beispielsweise eine sehr innovative Lösung für ein Verfahren, das bislang deutlich komplizierter war. Oder ein neues Tool, das dreimal mehr kann als das alte. Sie gehen innerlich triumphierend zu Ihrem Kunden. Begeistert stellen Sie ihm Ihre revolutionäre Idee vor. Doch er zuckt mit den Schultern und sagt: »Hmmm.« Eine Reaktion, die das Todesurteil für jede neue Idee ist. Sie haben es nicht geschafft, die Perspektive zu wechseln und in Ihrem Kunden Feuer zu entfachen. Möglicherweise haben Sie in Ihrer Präsentation sogar komplett an ihm vorbeigeredet. Schade um die gute Idee!

Trommeln Sie laut für Ihre Ideen!

Edison machte aus der Glühbirne eine perfekte Inszenierung, das haben Sie im Schnelleinstieg gelesen. Auch für den von ihm entwickelten »Apparat zur Vorführung von photographischen Aufnahmen sich bewegender Gegenstände« – der heute besser bekannt ist als Filmkamera – trommelte er laut.

Beispiel *Thomas Alva Edison*

Edison war überzeugt, mit der Filmkamera eine »große Sache« erfunden zu haben. Nur wollte sie zunächst niemand haben: Jahrelang hatte er sich bemüht, einen Geldgeber zu finden, doch – so Fritz Vögtle in seiner Biografie über Edison – »das Ganze war so neu, dass niemand die immense Entwicklung dieser Anfänge der Filmindustrie ahnte«. Um die Kamera populär zu machen, entschloss sich Edison 1896, den ersten Skandal der Filmgeschichte zu produzieren. Einen kurzen Filmclip mit dem Namen *Interrupted Lovers*. Die Handlung ist einfach: Ein junges Paar sitzt auf einer Parkbank. Der Mann nimmt einen letzten Zug von seiner Zigarette, nimmt demonstrativ seinen Hut ab und tut das Unglaubliche: Er küsst die Frau. Im prüden Amerika ein Skandal! Und die beste Werbung für Edisons neue Erfindung.

Wie Sie Fehler beim Ideenmarketing vermeiden

Wie viel Kreativität investieren Sie in die Vermarktung Ihrer Ideen? Wie gut sind Sie darin, sich selbst und Ihre Ideen zu inszenieren? Die meisten Ideen scheitern daran, dass sie schlecht verkauft werden. Überprüfen Sie daher kritisch:

Hat die Idee einen guten Namen? In zehn Jahren Ideenfindung habe ich eine wichtige Lektion gelernt: Je besser der Name einer Idee, desto größer die Chance, dass alle von ihr begeistert sind. Investieren Sie viel Zeit in die Suche nach einem Namen!

Begeistern Sie? Ihre Idee ist super, leider tragen Sie sie vor wie eine Trauerrede. Entzünden Sie das Feuer der Begeisterung in sich selbst! Denn wo kein Feuer brennt, kann auch kein Funke überspringen! Lernen Sie, andere zu gewinnen.

Präsentieren Sie verständlich? Sie stecken so tief in der Entwicklung, dass Sie eine wichtige Sache vollkommen vergessen: Andere sollen Sie verstehen! Die Grundregel: Eine Idee, die sie nicht in drei Sätzen erklären können, ist keine gute Idee.

Bieten Sie Nutzen? Ihre Idee ist technisch ausgereift, cool, durchdacht und irgendwie verrückt. Aber irgendetwas haben Sie vergessen. Da war doch noch was ... Ach ja, was nützt denn die Idee eigentlich? Der zentrale Erfolgsfaktor für Ihre Idee ist der Nutzen.

Ideen für ein cooles Restaurant Beispiel

Der Name Ihres Restaurants ist gerade in der Anfangszeit enorm wichtig. Mit »Gabis Gesundheitsküche« werden Sie es außerhalb Ihres Freundes- und Bekanntenkreises schwer haben, Kunden zu gewinnen. Auch ein Begriff wie

»Diätrestaurant« könnte auf potenzielle Kunden eher abschreckend wirken: Wer will schon seinen Geschäftspartner ins Diätrestaurant einladen? Wenn Sie ein ausgefallenes Konzept anbieten, brauchen Sie einen ausgefallenen Namen. Sie können einen Fantasienamen wie »Gren Maju« kreieren, Ihr Restaurant wie einen New Yorker Stadtteil »TriBeCa« oder »Greenwich Village« nennen, sich etwas vollkommen Verrücktes wie »Das 11. Gebot« einfallen lassen oder als Gegenstück zu McDonalds als McSlow benennen. Testen Sie die Namen bei Ihrer potenziellen Zielgruppe! Mit einem schlechten Namen ist die beste Idee wertlos!

So verkaufen Sie Ihre Ideen richtig

1. Entfachen Sie Feuer

Es genügt nicht, dass Sie Ihre Ideen irgendwie ganz gut finden. Sie müssen sie lieben! Sie haben richtig gelesen: lieben! Wenn Sie neue Ideen entwickeln, werden Sie über kurz oder lang auf Widerstände stoßen: Ihr Chef oder ein Kollege wird die Idee nicht toll finden, ein Investor wird sagen, dass das niemals funktionieren kann, Freunde und Bekannte werden Sie fragen, warum Sie sich das antun wollen, wo das Leben doch so schön bequem sein könnte. Dafür brauchen Sie das Feuer der Begeisterung, ja mehr noch, das Feuer der Leidenschaft in sich! Wenn Sie nicht brennen für Ihre Ideen, wird es niemand anders tun. Wenn Sie nicht an Ihre Ideen glauben, wird es niemand anders tun. Und wenn Sie nicht für Ihre Ideen kämpfen, wird es niemand anders tun. Fragen Sie sich ehrlich, auf einer Skala von eins bis fünf: Wie sehr lieben Sie Ihre Idee?

1	»Beim geringsten Widerstand gebe ich auf, die Idee ist mir egal.«
2	»Ich würde die Idee vielleicht noch einmal überarbeiten, aber wenn sie dann keiner haben möchte, lasse ich es sein.«
3	»Ich probiere es noch ein paarmal. Wenn es nicht klappt: Schwamm drüber.«
4	»Ich bin von meiner Idee begeistert und möchte sie unbedingt umsetzen. Auch wenn es länger dauert.«
5	»Ich brenne so sehr für die Idee: Dafür würde ich sogar meinen Job aufgeben und mein ganzes Geld in die Idee investieren.«

Fragen Sie sich auch: Warum wollen Sie die Idee überhaupt verfolgen? Wollen Sie dazu beitragen, die Welt zu verbessern? Sind Sie von der Sache begeistert? Oder wollen Sie einfach nur Karriere machen und Geld verdienen?

Durch neue Ideen zur Gehaltserhöhung **Beispiel**

Nehmen wir an, Sie haben sich für die Idee der Ferndiagnose entschieden. War es bislang so, dass Kunden verärgert anriefen und ein Kollege am nächsten Tag zum Kriseneinsatz musste, überwachen jetzt Ihre Firmencomputer die Geräte, die Sie bei Kunden aufgestellt haben. Dadurch ergeben sich für die Firma vielleicht sogar interessante neue Geschäftsfelder: Möglicherweise lässt sich die Ferndiagnose extra verkaufen. Jetzt macht es einen großen Unterschied, ob Sie die Idee nur dafür nutzen wollen, um Ihr Gehalt aufzubessern. Vielleicht ist sie dann für Sie gar nicht geeignet, weil der Aufwand und das Risiko, die Idee gegen die Widerstände in der Firma durchzusetzen, Ihnen zu groß erscheinen und Sie das Ziel einer Gehaltserhöhung auch einfacher erreichen können. Möglicherweise sind Sie aber von der Idee auch so begeistert, dass Sie darin große Chancen für einen Sprung in die Selbstständigkeit sehen. Dann werden Sie mit dieser Idee ganz anders umgehen und möglicherweise eher die Firma wechseln als mit Ihrer Idee auf Ablehnung stoßen.

Übrigens: Kein Motiv ist besser oder schlechter als ein anderes, Sie müssen es sich nur ehrlich eingestehen. Warum wollen Sie das tun?

Tipp: In Unternehmen finden Sie viele Mitarbeiter, die darüber frustriert sind, dass sie mit ihrer Kreativität nicht durchkommen. Erwarten Sie nicht, dass Sie für Ihre Ideen auf Anhieb geliebt werden! Finden Sie sich damit ab, dass es – egal wo Sie arbeiten, egal ob Sie angestellt oder selbstständig sind – immer schwierig ist, neue Ideen durchzubekommen. Unterschätzen Sie niemals das Sicherheitsdenken der anderen. Und lassen Sie sich nicht abschrecken!

2. Bringen Sie Ihre Ideen auf den Punkt

Beispiel

Thomas Alva Edison

Was würden Sie sagen, wenn Ihre Lampe heute so aussehen würde: Direkt an der Glühlampe hängt eine schwere Batterie, die den Strom liefert. Von der Batterie aus fließt der Strom in einen Thermoregler, der dafür zuständig ist, die Temperatur im Inneren der Glühbirne so niedrig zu halten, dass der Glühfaden nicht durchbrennt. Das ist auch wichtig, denn wenn die Glühlampe durchbrennt, ist schlagartig die ganze Wohnung dunkel. So wie bei einer Weihnachtskette.

Dieses Modell war wirklich in der Planung, denn Edison hatte mit drei großen Problemen zu kämpfen: Der Glühfaden wurde zu heiß, der Strom kam nicht gleichmäßig, und es hätte viel zu viel Strom gekostet, die Lampen so zu schalten, dass man sie einzeln an- und ausschalten kann. Der obige erste Edison-Entwurf hätte all diese Probleme gelöst. Wäre er sexy gewesen? Nicht wirklich. Aber er ist typisch für den Ideenfindungsprozess: Die erste Idee ist fast immer zu kompliziert.

Edison hatte einen Grundsatz: Einfach gewinnt immer! Er war weder der Erste noch der Einzige, der die Idee zu einer Glühlampe hatte. Aber niemand suchte so wie er nach der »allereinfachsten Lösung«. Wie schafft man es, einen ganzen Stadtteil wie Manhattan binnen kürzester Zeit mit elektrischem Licht zu versorgen? Andere hätten gesagt: »Das ist ganz kompliziert! Die Menschen sind an Gaslicht gewöhnt. Da liegen schon überall Gasleitungen, dieses System ist so perfekt, wie es nur sein kann: mit Schaltern, Sicherungen, Abrechnungssystemen und Fassungen, in die man die Gaslampen nur noch reindrehen muss.« Was machte Edison? Er gab den Menschen Gaslicht – nur eben elektrisches. Er legte seine Elektroleitungen in die Gasleitungen, tauschte die Schalter aus und konstruierte sein System analog zum vorhandenen: Gaslampe rausschrauben, Glühbirne reinschrauben, fertig!

Der Farbenhersteller – Auf der Suche nach Innovationen **Beispiel**

Wenn Sie den Niederdruck-Farbroller mit Funktionalitäten versehen, für die der Benutzer ein Studium braucht, wird sich das Gerät nicht durchsetzen. Unternehmen neigen dazu, ein Problem zu lösen – in diesem Fall das Klecksen zu beseitigen – und gleich zwei neue zu schaffen. Machen Sie das Gerät so einfach wie möglich. Männer – und da spreche ich aus eigener Erfahrung – haben eine genetisch bedingte Allergie gegen Gebrauchsanweisungen.

Wenn es um Kreativität und neue Ideen geht, denken wir oft: Groß, kompliziert, teuer – anders geht es nicht. Wenn es einfach ginge, könnte es ja jeder machen. Das ist nicht seriös. Da muss etwas faul sein. Genau das ist der Denkfehler! Gewöhnen Sie sich Folgendes an: Jedes Mal, wenn Sie eine neue Idee haben, lehnen Sie sich zurück und sagen sich: »O. k. Und jetzt das Ganze noch einmal in der einfachen Version.« Vereinfachen Sie Ihre Ideen! Bringen Sie sie auf den Punkt! Sorgen Sie dafür, dass sie jeder versteht!

Beispiel *Durch neue Ideen zur Gehaltserhöhung*

Natürlich können Sie sagen: »Ich habe eine neuartige IT-Infrastrukturlösung entwickelt, mit der wir die Flexibilität und Produktivität unserer Kunden durch die Reduktion ausfallzeitbedingter Kapazitätsengpässe erhöhen können.« Nur erwarten Sie bitte nicht, dass Sie damit jemanden begeistern ... Ein Begriff wie »Ferndiagnose« ist viel einfacher zu verstehen. Erklären Sie Ihre Idee, indem Sie Analogien suchen: »Bislang war es so: Unser Kunde hatte Schnupfen, wir haben einen Arzt geschickt. Jetzt niest der Kunde und wir haben die Diagnose sofort. Noch besser: Wir wissen früher als der Kunde, dass er gleich niesen wird.«

Zwingen Sie sich, Ihre Idee so zu formulieren, dass jeder sie sofort versteht. So wie es uns die *BILD*-Zeitung jeden Tag vormacht: Ob Papstwahl, Regierungswechsel oder warmes Wetter, alles was es zu sagen gibt, passt in eine plakative Schlagzeile und ein paar kurze Sätze.

3. Schaffen Sie Mehrfachnutzen

Wie Sie aus dem vorigen Kapitel wissen, ist das Umfeld entscheidend für Ihre Idee. Entwickeln Sie das Umfeld einer Idee mit; oder passen Sie Ihre Idee an das Umfeld an. Wenn Sie es bis jetzt noch nicht getan haben, wird es höchste Zeit. Überlegen Sie: Wen müssen Sie überzeugen? Wessen Unterstützung brauchen Sie? Und wie kann Ihre Idee für diese Menschen den maximalen Nutzen bringen?

Beispiel Als ich Programmdirektor beim Radio war, hatte ich einen Mitarbeiter mit extrem vielen Ideen, mit denen er mir ständig in den Ohren lag. Er hatte ständig neue Ideen, wie er seine Sendung am Samstagabend gestalten kann. Im Prinzip klasse, dummerweise ist der Samstagabend beim Radio eine unbedeutende Sendezeit, in die man als Programmdirektor praktisch kein Geld investiert. Die Ideen meines Mitarbeiters waren wirklich ausgezeichnet, allerdings kosteten sie Geld. Und das in einer Zeit, wo ich mit ständigen Budgetkürzungen zu kämpfen hatte und über jeden Mitarbeiter froh war, den ich nicht entlassen musste. Doch plötzlich wurden seine Ideen interessant: Er überlegte, wie seine Ideen mir nützen könnten und entwickelte sie weiter. Wir konnten sie an Werbekunden und Sponsoren verkaufen. Die gleichen Ideen, die bislang Geld gekostet hätten, brachten plötzlich Geld ein. Der Mitarbeiter hatte einen Doppelnutzen geschaffen.

Es gibt typische Hindernisse für Ihre neuen Ideen: Menschen, an denen die Umsetzung letztlich scheitern kann.

Der Angsthasen-Chef Sie haben eine unglaublich innovative Idee, er jedoch will Karriere machen und um jeden Preis Fehler vermeiden. Dumm für Sie: Ihre Idee hat keinerlei Erfolgsgarantie. Und das mag Ihr Chef gar nicht. Entwickeln Sie Ihre Idee weiter! Überlegen Sie, welchen Nutzen sie Ihrem Chef bringen kann. Entwickeln Sie sie so, dass Sie ihm maximale Anerkennung bei minimalem Risiko bringt.

Der Neidhammel-Kollege Er ist sauer darüber, dass er die Idee nicht selbst hatte. Und zieht jetzt mit aller Energie gegen die Idee ins Feld. Fragen Sie sich: Wie groß ist seine Chance, Ihre Idee zu verhindern? Groß? Beziehen Sie ihn mit ein. Lassen Sie ihn glauben, er sei Miturheber der Idee, sozusagen der große Inspirator.

Der Hijacker Ein Mitbewerber oder ein Kollege, der nur darauf wartet, Ihre Idee in einem Akt der feindlichen Übernahme zu seiner zu erklären und sich damit zu profilieren. Sie haben drei Möglichkeiten: die Idee schützen (und damit auf ihr sitzenbleiben), sie so zu verändern, dass sie für ihn uninteressant wird, oder Ihre Idee ganz laut verkünden, damit jeder weiß, dass sie von Ihnen ist. Wenn Sie Mitarbeiter sind: Schreiben Sie einen Artikel für die Mitarbeiterzeitung oder das Mitarbeiterportal. Wenn Sie selbstständig sind: Veröffentlichen Sie Ihre Ideen, wo immer es geht. Das schreckt Hijacker häufig ab: Wer will schon als Plagiator auffliegen.

Manchmal brauchen Sie nicht nur einen Doppelnutzen, sondern einen Dreifach-, Vierfach- oder auch Fünffachnutzen. Eine Win-Win-Win-Win-Win-Situation! Sie haben ein Meeting und präsentieren die Idee? Überlassen Sie es nicht dem Zufall, ob die Idee durchkommt oder nicht: Sichern Sie sich vorher die Unterstützung möglichst vieler Anwesender.

Tipp: Bei Angsthasen-Chefs gibt es noch eine wirksame Alternative: die Horrorstrategie. Sie bauen künstlich Druck auf und bieten dann Ihre Idee als Lösung an. Bei vielen Chefs ist die Bereitschaft, neuen Ideen zuzustimmen nämlich immer dann am größten, wenn Verluste drohen. Ein Kunde droht abzuspringen, die Konkurrenz überholt, die Umsätze brechen ein. Das Horrorszenario kann gar nicht groß genug sein. Belegen Sie es glaubhaft. Sie werden sehen: Es funktioniert!

4. Setzen Sie Ihre Ideen im Kopf um

Entwickeln Sie einen Plan, wie Sie Ihre Idee umsetzen wollen. Es ist nicht wichtig, dass Sie sich später sklavisch an jede Einzelheit dieses Plans klammern – häufig verändern sich die Umstände so schnell, dass Sie Ihre Pläne ohnehin wieder über den Haufen werfen müssen, aber ein Plan gibt Ihnen Orientierung. Ihr Plan sollte folgende Überlegungen enthalten:

Zeitplan Planen Sie einzelne Etappen. Wo steht Ihre Idee in drei Monaten, wo steht sie in sechs Monaten? Ein solcher Zeitplan setzt Sie unter Druck. Und dieser Druck – dazu im zweiten Teil dieses Buchs mehr – ist ein wichtiger Erfolgsfaktor für Kreativität.

Risikobewertung Machen Sie sich klar, wie hoch das Risiko ist. Wie viel Risiko sind Sie bereit zu tragen? Ab wann wird Ihnen das Risiko zu groß? Was können Sie tun, um das Risiko zu minimieren? Definieren Sie die Entscheidungsstufen: Wann und nach welchen Kriterien entscheiden Sie, ob Sie die Idee fallenlassen?

Hindernisse Auf welche Hindernisse werden Sie während der Umsetzung stoßen? Wie können Sie die Hindernisse umgehen oder überwinden?

Hilfe Wen oder was brauchen Sie, um Ihre Idee umzusetzen? Was können Sie selbst am besten? Was können andere besser und wie können Sie sie einbinden? Worauf müssen Sie sich konzentrieren?

Kommunikation Mit wem reden Sie über Ihre Idee? Wie verkaufen Sie Ihre Idee an Ihren Chef, an Kollegen, an Investoren, an die Presse, an den Kunden und so weiter?

So planen Unternehmen Innovationen

In großen Unternehmen gibt es festgelegte Innovationsprozesse, bei denen genau festgelegt ist, wann welcher Schritt folgt. Hier gilt: Je einfacher, desto besser. So wie bei diesem Innovationsprozess eines Zulieferers in der Industrie (s. Grafik S. 128).

Das »E« steht für »Entscheidungsstufe«. Die Kriterien für eine Entscheidung werden dabei von Schritt zu Schritt härter:

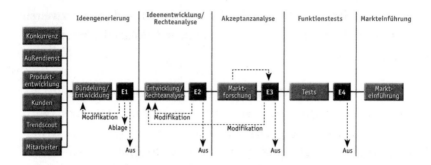

Entscheidungsstufe 1 Noch halten Sie die Zügel lose. Fragen Sie sich, ob Ihre Idee eine gute Problemlösung darstellt und ob Sie sich vorstellen können, dass Ihre Idee generell Erfolg hat. Wenn ja: weitermachen. Wenn nein: Idee verändern oder aufhören.

Entscheidungsstufe 2 Sie ziehen die Zügel etwas an. Funktioniert die Idee so, wie Sie es sich vorstellen? Stimmt das Kosten-Nutzen-Verhältnis? Kann die Idee bestehen? Können Probleme mit Namens- oder Patentrechten geklärt werden? Wenn ja: weitermachen. Wenn nein: Idee verändern oder aufhören.

Entscheidungsstufe 3 Sie ziehen die Zügel fester an. Wird die Idee angenommen? Hat sie den Erfolg, den Sie sich erhoffen? Wenn ja: weitermachen. Wenn nein: Idee verändern oder aufhören.

Entscheidungsstufe 4 Nun halten Sie die Zügel ganz fest! Bisher war das Risiko überschaubar, doch jetzt geht es – beispielsweise bei einer Produktidee – um viel Geld. Lohnt das Risiko? Wie erfolgversprechend ist die Idee wirklich?

Ich möchte hier nicht in das Innovationsmanagement einsteigen, hier gibt es Hunderte verschiedener Ansätze und Theorien. Für Sie ist vor allem eines wichtig: dass Sie sich über die verschiedenen Stufen von vornherein gedankliche Klarheit verschaffen. Und zwar egal, ob Sie als Teamleiterin in einem Unternehmen Ihrer Geschäftsführerin neue Abläufe vorschlagen, als Journalist eine Fachbeilage für die Zeitung planen oder als junger Selbstständiger eine Geschäftsidee verfolgen wollen. Denken Sie Ihre Idee von vornherein bis ans Ende durch.

5. An die Tat

Bis jetzt war alles ein schönes Gedankenspiel. Nun heißt es: Machen! Zögern Sie nicht länger, beginnen Sie damit, Ihre Idee energisch in die Tat umzusetzen. Gewöhnen Sie sich eine gewisse Bulldozer-Mentalität an: Wenn Sie Ihre Idee jetzt immer noch genauso lieben wie beim ersten Schritt, wenn Sie immer noch genauso überzeugt sind wie am Anfang, bleiben Sie hartnäckig! Sie hören Bedenkenträger? Lassen Sie sich nicht beirren. Sie sehen Hindernisse? Nehmen Sie die Herausforderung sportlich, oder gehen Sie mit Köpfchen drum herum. Sie spüren, dass Sie gebremst werden? Werfen Sie den Ballast ab.

»Wenn ich mich voll dafür entschieden habe, dass es das Ergebnis wert ist, probiere ich es so lange, bis ich Erfolg habe.«

Wenn Sie gute Nerven haben, können Sie Schritt 1 bis 5 dieses Kapitels auch einfach weglassen. Niemanden fragen, keine Unterstützung suchen, das volle Risiko in Kauf nehmen und einfach machen! Die Bulldozer-Mentalität wird zur Bulldozer-Strategie. Sie diskutieren nicht lange, Sie handeln. Und konfrontieren alle anderen mit dem Ergebnis, der umgesetzten Idee. Der Vorteil: Niemand redet Ihnen herein, die Idee bleibt so, wie sie war. Keine Kompromisse. Ein regionaler Marketingleiter einer großen Tankstellenkette handelt nach diesem Prinzip: Bloß nicht die Zentrale fragen! Da sitzen nämlich die Bedenkenträger, die sofort fragen: Passt denn das zu unserem Image? Diese Bulldozer-Strategie ist eine der effektivsten. Eine kleine Nebenwirkung möchte ich Ihnen jedoch nicht vorenthalten: Wenn es schiefgeht, sind Sie auch allein verantwortlich. Fragen Sie sich: Wie sicher ist der Erfolg? Wie gut ist mein Stand? Kann ich mir ein Scheitern leisten? Und nur für den schlimmsten Fall: Wie ist meine langfristige Lebensplanung?

Checkliste: Wie gut haben Sie Ihre Idee durchdacht?

Prüfen Sie Ihre Idee genau! Ist sie klar auf den Punkt formuliert? Wissen Sie, wie Sie die Idee umsetzen wollen und haben Sie mögliche Hindernisse einkalkuliert? Haben Sie das Umfeld Ihrer Idee ausreichend berücksichtigt? Diese Fragen haben Sie sich zum Teil bereits beim Gold-Test gestellt. Gewöhnen Sie sich an, Ihre Idee mit diesen fünf Fragen erneut gezielt abzuklopfen, bevor Sie sie anderen vorstellen. Die folgende Checkliste hilft Ihnen, den maximalen Nutzen aus Ihrer Idee zu ziehen.

	Ja	Nein
Frage 1: »Meine Idee ist einfach, verständlich und in wenigen Worten auszudrücken.«	○	○
Haben Sie »Nein« angekreuzt? Sind Sie schon in der Lage, Ihre Idee auf den Punkt zu bringen? Möglicherweise ist sie noch gar nicht ausgereift. Oder werden Sie gerade von der Komplexität erschlagen und sind unfähig, Ihre Idee auszudrücken? Bei seinen eigenen Ideen sieht man oft den Wald vor lauter Bäumen nicht. Fragen Sie einen Kollegen oder Bekannten, ob er die Essenz formulieren kann.		

Frage 2: »Meine Idee ist in dem Zusammenhang, in dem ich sie präsentiere, wirklich neu.« *Haben Sie »Nein« angekreuzt?* Prüfen Sie genau. Unser Gehirn spielt uns da manchmal einen Streich. Es suggeriert uns, dass wir eine fantastische neue Idee haben, dabei haben Sie exakt dieselbe Idee vor einigen Wochen woanders gehört. Das ist nicht schlimm, auch die Adaption einer bestehenden Idee für ein neues Problem ist eine kreative Leistung. Nur: Sie sollten den Status quo sauber recherchieren. Nichts ist peinlicher, als wenn Ihnen jemand sagt: »Die Idee stand doch vor zwei Wochen in der Zeitung.«	○	○
Frage 3: »Wenn mich jemand fragt, warum meine Idee gut ist, fallen mir sofort drei schlagkräftige Argumente ein.« *Haben Sie »Nein« angekreuzt?* Denken Sie daran: Eine mäßige, aber gut präsentierte Idee schlägt fast immer eine brillante, aber schlecht präsentierte Idee. Sie finden Ihre Idee gut und sehen Potenzial? Erwarten Sie nicht, dass andere Ihre Vision ohne Weiteres teilen. Entwickeln Sie unbedingt starke Argumente und trainieren Sie, Ihre Idee überzeugend zu verkaufen.	○	○
Frage 4: »Ich kenne den Weg bis zur Umsetzung. Über Hindernisse habe ich mir Gedanken gemacht und weiß, wie sie überwunden werden können.« *Haben Sie »Nein« angekreuzt?* Die meisten Ideen scheitern, weil ihr Urheber aufgibt. Edison hat, wie Sie inzwischen wissen, dort angefangen, wo viele andere aufgaben. Je früher Sie damit beginnen, die Umsetzung Ihrer Idee zu planen, je eher Sie anfangen, Hindernisse einzukalkulieren, desto größer sind Ihre Erfolgsaussichten. Und Sie verhindern, dass Sie auf die Frage »Und wie wollen Sie das umsetzen?« keine Antwort wissen.	○	○

Frage 5: »Meine Idee schafft Nutzen. Und zwar für alle, die mit ihr zu tun haben.« *Haben Sie »Nein« angekreuzt?* Nicht nur der Adressat – beispielsweise ein Kunde – muss in Ihrer Idee einen Nutzen sehen, sondern alle, die an der Entscheidung und Umsetzung beteiligt sind. Ihr Chef lehnt die Idee ab? Mit hoher Wahrscheinlichkeit, weil sie ihm nichts nützt. Bevor Sie Ihre Idee jemandem vorstellen, fragen Sie sich: »Welchen Nutzen bringt sie ihm beziehungsweise ihr?« Wenn Sie feststellen, dass der Nutzen gering ist, überlegen Sie, ob Sie die Idee so verändern können, dass sie Nutzen schafft.	○	○

Fazit

- Bringen Sie Ihre Ideen auf den Punkt! Keine Angst vor einfachen sprachlichen Bildern.
- Suchen Sie nach dem Doppel-, Dreifach- oder sogar Vierfachnutzen Ihrer Ideen.
- Durchdenken Sie Ihre Ideen bis zum Ende. Und dann: machen!

Teil 2.
Edisons sieben Gesetze der Kreativität

1.

Das Gesetz der kreativen Unzufriedenheit: »Unzufriedenheit ist die erste Voraussetzung für Fortschritt«

Die Ziele dieses Kapitels

- Sie erfahren, warum Zufriedenheit der Todfeind kreativen Denkens ist.
- Sie lernen, Ihre Unzufriedenheit zu schätzen und zu nutzen.
- Sie entdecken, warum Ideen niemals fertig sind.

Meckern Sie häufiger über Ihre Firma? Sind Sie mit bestimmten Prozessen und Abläufen in Ihrer Firma unzufrieden? Finden Sie, dass Produkte und Dienstleistungen viel besser sein könnten? Und haben Kollegen oder Ihr Chef schon einmal zu Ihnen gesagt »Warum bist du nur so unzufrieden? Das ist nun mal so«? Dann gebe ich Ihnen den entgegengesetzten Ratschlag: »Bleiben Sie unzufrieden!« Ich gehe sogar noch einen Schritt weiter: »Werden Sie viel unzufriedener!« In Ihrer Unzufriedenheit liegt der Keim für Ihre Kreativität.

Zufriedenheit macht blind

Wissen Sie, was passiert, wenn Menschen zufrieden werden? Dann sagen sie Sätze wie diese: »Was waren wir in diesem Jahr wieder toll! Das Geschäft läuft fantastisch, wir haben der Konkurrenz wichtige Marktanteile abgenommen, unser Geschäftsmodell ist das beste im Markt und unsere Verkaufsabteilung hoch motiviert.« Und dann laufen sie direkt hinein in die Zufriedenheitsfalle.

> »Wer sagt, dass Zufriedenheit eine tolle Sache ist, sollte wissen, dass jene, die zufrieden sind, aufhören kreativ zu sein.«
> *Schimon Peres, Friedensnobelpreisträger,*
> *9. Staatspräsident Israel*

Beispiel Anfang 1998 sprachen bei Yahoo!, Excite und AltaVista zwei junge Studenten vor und boten ihnen eine neue Technologie für ihre Suchmaschinen an. Die Firmen hätten eine neue Technologie dringend nötig gehabt: Die Ergebnisse der Suchmaschinen waren damals noch so miserabel, dass die User vollkommen frustriert waren. So frustriert, dass sie die beiden Stanford-Studenten Sergey Brin und Larry Page erst auf die Idee brachten, Informationen im Internet neu zu sortieren: mit PageRank, der ersten Methode, die versuchte, Informationen im Internet nach Relevanz zu ordnen.

Nun saßen Sergey und Larry den etablierten Managern gegenüber und boten ihnen die neue Technologie an, von deren Überlegenheit sie überzeugt waren. In seinem Buch *Die Google-Story* beschreibt David A. Vise, was dann passierte: Selbst das Management von AltaVista erkannte die eigene Schwäche und bestätigte, dass die beiden »ein cooles Konzept« hatten. Nur: Kaufen wollten sie es nicht. Das Mutterunternehmen von AltaVista, Digital Equipment Corporation (DEC), war mit dem eigenen Produkt so sehr zufrieden, dass es nicht mit Außenseitern zusammenarbeiten wollte. Außerdem war die Firma gerade mit sich selbst beschäftigt: Eine Fusion mit Compaq Computer stand an. Auch bei Yahoo! holten sich die beiden Google-Gründer eine Abfuhr: Die Manager wollten User länger auf der eigenen Seite halten und da stand die neue Technologie eher im Weg. Excite sah ebenfalls keine Notwendigkeit, neue Wege zu gehen. Wozu auch? Es lief ja alles. Die Einzigen, die unzufrieden blieben, waren Sergey und Larry.

»Unzufriedenheit ist die erste Voraussetzung für Fortschritt. Zeige mir einen rundum zufriedenen Mann, und ich zeige dir einen Fehlschlag.«

Die weitere Geschichte von Google ist bekannt: Die beiden glaubten an ihre Idee und nahmen den Kampf auf. Die moderne Form vom Sturm auf die Bastille. Unten die Angreifer, jung und hungrig, oben die Verteidiger: satt und wohlgenährt, ohne jeden Anflug von Selbstzweifel, statt mit der konsequenten Weiterentwicklung ihres Produkts mit der Auswahl des nächsten Dienstwagens, der nächsten Fusion oder ganz einfach Firmenpolitik beschäftigt.

Unzufriedenheit – der Treibstoff des Kreativen

»Wenn ein paar Menschen recht miteinander zufrieden sind, kann man meistens versichert sein, dass sie sich irren.«
Johann Wolfgang von Goethe

Wenn Sie sich intensiv mit Menschen beschäftigen, die in ihrem Leben Großes bewegt haben – egal in welchem Bereich –, werden Sie auf ein interessantes Phänomen stoßen: Alle diese Menschen waren hochgradig unzufrieden. Unzufrieden mit ihrer Situation, unzufrieden mit ihren Leistungen, unzufrieden mit ihren Produkten. Nehmen Sie Thomas Edison, Johann Wolfgang von Goethe, Madonna oder erfolgreiche Filmproduzenten wie Michael Eisner – sie alle verteufelten Zufriedenheit und Stillstand.

Für Edison war Unzufriedenheit seine größte Antriebskraft. Die gleiche Philosophie trieb Michael Eisner, den langjährigen Chef der Walt Disney Studios. Eisner übernahm Disney in einer Zeit, in der die Studios vor lauter Selbstzufriedenheit langsam, aber sicher in die Bedeutungslosigkeit zu gleiten drohten und nur noch vom Glanz vergangener Tage lebten. »Erfolg lässt dich vergessen, was dich erfolgreich gemacht hat«, sagte Eisner, der selbst mit großen Leistungen niemals zufrieden war und stets predigte, dass man seine größten Erfolge wie seine schlimmsten Niederlagen betrachten solle. Mit seiner unermüdlichen Unzufriedenheit machte er aus Disney wieder ein erfolgreiches Unternehmen und produzierte Publikumserfolge wie den *König der Löwen*.

Bleiben Sie unzufrieden

Stellen Sie sich den kreativen Prozess nicht als Ereigniskette, sondern als Kreislauf vor. Irgendwann in diesem Kreislauf erreicht eine Idee ein Stadium, in dem sie präsentiert werden kann. Und meistens ist es so, dass derjenige, der sie präsentiert, schon am nächsten Tag wieder unzufrieden ist und die Idee weiterentwickelt.

Wenn Sie mit Ihrer Idee zufrieden sind und sie nicht mehr weiterentwickeln, bleiben Sie stehen. Das heißt nicht, dass Kreative rastlos auf Teufel komm raus jeden Tag ihre Idee wieder verändern müssen, aber für sie gibt es immer etwas zu verbessern: das Marketing, das Preismodell, die Kundenansprache, das Design und so weiter. Es gibt immer einen Grund zur Unzufriedenheit. Finden Sie ihn!

Der Fluch von Haus und Dienstwagen

Warum sind so viele Menschen unkreativ? Weil sie keinen Grund sehen, kreativ zu werden. Sie sind mit dem Erreichten zufrieden. Der Dienstwagen steht vor der Tür, das Haus ist gebaut, die Beförderung sicher. Warum wagen so wenige Unternehmen etwas Neues? Weil alles wunderbar läuft. Wozu etwas Neues? Die Kunden stehen ja vor der Tür. Zwar stehen da auch andere, die sie weglocken, aber das nehmen viele nicht wahr. Interessante Antworten bekomme ich in Trainings regelmäßig auf die Frage: »Wann stimmt das Management Ihres Unternehmens sofort neuen Wegen zu?« Die Antwort lautet fast immer: »Kurz vor dem Abgrund.« Wenn die Krise ersichtlich und kaum noch etwas zu retten ist. Bis dahin verhält sich das Management wie der klassische Ehemann, der alles sieht, bloß keine Probleme. Bis die Frau dann weg ist. Erst dann wird er kreativ: Rosen kaufen, Geschenke zur Arbeit schicken, verrückte Romantikreisen planen und so weiter. Thomas Edison würde raten: Werden Sie unzufrieden! Und zwar nicht erst, wenn Frau und Kunden weg sind.

Beispiel

Als ich Programmdirektor beim Radio war, hatten wir einmal im Jahr Mitarbeitergespräche. Vor dem Gespräch gab ich jedem Mitarbeiter einen Bogen zur Selbsteinschätzung. Den Vorgesetzten des Mitarbeiters gab ich den gleichen Bogen mit der Bitte um Fremdeinschätzung. Was denken Sie, wer sich selbst die besten Noten gegeben hat? Die Mitarbeiter, die von Außenstehenden als die Kreativen mit großem Potenzial angesehen wurden? Das hätte ich gedacht, aber ich bin auf ein interessantes Phänomen gestoßen: Die meisten dieser sogenannten »High Potentials« waren mit sich und ihren Leistungen eher unzufrieden und gaben sich durchschnittliche Noten. Und die anderen? Die Mittelmäßigen? Die meisten von ihnen waren mit ihren Leistungen außerordentlich zufrieden. Es gab sogar einen Mitarbeiter, bei dem ich mehrfach überlegt hatte, ihn wegen mangelhafter Leistungen zu entlassen, der sich in allen Punkten als »überragend« eingeschätzt hatte. Mit einem unserer High Potentials habe ich ein intensiveres Gespräch geführt und ihn gefragt, warum er sich selbst nur mittelmäßige Noten gab. Sein Geheimnis war nicht etwa, dass er an mangelndem Selbstvertrauen litt. Er hielt sich einfach nicht für gut. Ich sagte ihm, dass sich andere selbst viel besser einschätzten. Seine Antwort: »Es ist immer die Frage, ob man sich an der Kreisliga oder der Bundesliga misst.« Er hielt sich auch nach unserem Gespräch für durchschnittlich. Für ihn war es ein Ansporn, sich weiter in Richtung Bundesliga zu bewegen.

Destruktive und konstruktive Nörgler

Ist Unzufriedenheit immer positiv? Nein, denn es gibt verschiedene Formen von Unzufriedenheit: destruktive und kreative. Der Unterschied zwischen beiden Formen ist die Grundhaltung. Destruktive Unzufriedenheit ist das typische Gemecker und Gejammer, das Sie vielfach in Unternehmen und vielleicht auch in Ihrem Privatumfeld vernehmen. Da beschließt der Chef, für seine Mitarbeiter einen Automaten mit kostenlosen Getränken aufzustellen und schon meckert jemand, dass es nur Coca-Cola Light gibt und nicht Coca-Cola Zero. Da beschwert sich jemand, dass der Chef nicht genug lobt. Der Chef greift es auf, achtet verstärkt auf überdurchschnittlich gute Leistungen und lobt sie. Der Meckerer beschwert sich nun, dass die falschen Sachen gelobt werden. Der Chef – er will ja ein vorbildlicher Chef sein – richtet ein System ein, mit dem kontinuierlich alle guten Leistungen registriert und nach einem mit allen Führungskräften besprochenen Kriterienkatalog bewertet werden. Und was macht der Meckerer? Er nörgelt, dass die Krawatte des Chefs die falsche Farbe hat.

Nun mag man die Einstellung haben, dass Dauernörgler durchaus ihre Berechtigung haben, weil sie einem immer wieder die eigenen Unzulänglichkeiten aufzeigen. Dieser Logik folgend müssten Sie sich über einen Kollegen mit Dauerblähungen freuen, weil sie erst durch ihn die wahre Bedeutung von Frischluft zu schätzen lernen. Die Grundeinstellung der destruktiv Unzufriedenen lautet »Alle außer mir sind Idioten«, und das ist ziemlich das Letzte, was Sie im kreativen Prozess brauchen können.

Kreative Unzufriedenheit und positives Denken gehören zusammen

Menschen mit kreativer Unzufriedenheit haben eine positive Einstellung: »Lass es uns besser machen«. Wenn sie nörgeln, dann nicht, weil sie ihr Unternehmen bekämpfen, sondern weil sie Dinge verbessern wollen. Sie kritisieren Produkte, weil sie sie weiterentwickeln und Abläufe, weil sie sie optimieren wollen. Kreativ Unzufriedene können genauso nerven wie Nörgler, das will ich nicht verhehlen. Sie stellen ständig das Bestehende infrage, sie wollen Dinge verändern, für sie ist Stillstand Rückschritt. Das ist anstrengend. Für Vorgesetzte, die lieber das Bestehende bewahren als Neues zu probieren, sind solche Unzufriedene der blanke Horror. Sie sind im täglichen Umgang sogar anstrengender als ein destruktiv Unzufriedener: Der meckert zwar den ganzen Tag, dafür will er am Ende des Tages aber wenigstens nur seine Ruhe haben und nicht auch noch Dinge verändern.

Test: Nutzen Sie Ihre Unzufriedenheit richtig?

Wenn ich Ihnen am Anfang des Kapitels den Rat gegeben habe, noch unzufriedener zu werden, meine ich natürlich die positive Variante: Akzeptieren Sie das Bestehende nicht. Verändern Sie es durch Ihre Ideen. Der Test verrät Ihnen, ob Sie unzufrieden genug sind und ob Sie Ihre Unzufriedenheit momentan richtig nutzen.

	Trifft überhaupt nicht zu	Trifft nicht ganz zu	Weiß nicht	Trifft teilweise zu	Trifft voll und ganz zu
	−2	−1	0	+1	+2
»Ich bin selten mit etwas zufrieden. Ich möchte alles noch perfekter und besser machen.«					
»Es macht mir Spaß, Dinge zu verändern und zu verbessern. Das ist wie ein Trieb in mir.«					
»Wenn ich etwas kritisiere, mache ich konkrete Lösungsvorschläge, die ich durchdacht habe.«					
»Manchmal nerve ich Kollegen und Chefs, weil ich eine Idee habe und am nächsten Tag schon wieder eine bessere.«					
»Ich meckere nicht, ich verbessere! Das verstehen viele aber nicht.«					

Auswertung

−10 bis −6 Punkte: Hand aufs Herz. Sind Sie zu schnell zufrieden? Warum? Macht es Ihnen keinen Spaß, Dinge zu verändern? Oder fügen Sie sich vielleicht einer Umgebung, in der alle alles einfach so hinnehmen und der Tag gemütlich vor sich hin plätschert? Haben Sie den Mut, Dinge auch mal infrage zu stellen! Nichts, wirklich nichts in unserem Umfeld muss so bleiben, wie es ist. Seien Sie häufiger unzufrieden! Und Sie werden spüren, wie Ihre Kreativität zu sprudeln beginnt.

−4 bis 0 Punkte: Sie verfügen über die gleichen Anlagen, die erfolgreiche Kreative haben. Aber Sie nutzen sie nur ganz selten. Warum? Blicken Sie einmal zurück auf Ihre kreativen Momente. Was war die Voraussetzung? Ich wette, Sie waren unzufrieden mit dem Bestehenden. Rufen Sie sich solche Momente häufiger in Erinnerung, wenn Sie bei sich spüren, dass Sie in der Zufriedenheitsfalle sitzen.

1 bis 5 Punkte: Sie sind auf dem richtigen Weg und verfügen über ein gutes Maß an Unzufriedenheit. Ecken Sie damit manchmal an? Machen Sie Ihre Einstellung transparent, damit Sie nicht aus Versehen jemand in die Schublade »Meckerer« steckt. Und lassen Sie sich nicht entmutigen, wenn Sie mal kein Gehör finden. Wenn Sie allerdings dauerhaft gegen Mauern rennen, sollten Sie überlegen, was Sie gegen die Frustration unternehmen können.

6 bis 10 Punkte: Sie sind dauerhaft unzufrieden und können sich selbst mit gelegentlichem Stillstand nicht anfreunden. Das setzt in Ihnen ein hohes kreatives Potenzial frei, allerdings birgt es auch ein großes Frustpotenzial. Ich kenne viele, die fast daran zerbrochen sind, dass sie ihr langsameres und deutlich zufriedeneres Umfeld ständig mit neuen Ideen gestört haben. Achten

Sie unbedingt darauf, dass Sie sich ein Umfeld schaffen, das Ihre kreativen Schübe schätzt.

Fazit

- Ihre Unzufriedenheit ist Ihre größte Antriebsfeder. Werden beziehungsweise bleiben Sie unzufrieden!
- Vermeiden Sie destruktive Unzufriedenheit, die zu Frustration und Stillstand führt.
- Lernen Sie, Ihre Unzufriedenheit konstruktiv zu nutzen.

2.

Das Gesetz des kreativen Drucks: »Eine kleine Erfindung alle zehn Tage, eine große Sache alle sechs Monate«

Die Ziele dieses Kapitels

- Sie werden sehen, warum zu viel Freiheit geradewegs in die Kreativblockade führen kann.
- Sie lernen, sich anspruchsvolle kreative Ziele zu setzen.
- Sie erfahren, warum es gut ist, sich selbst unter Druck zu setzen.

»So kann ich nicht arbeiten. Ich brauche kreative Freiräume und Zeit. Viel Zeit. Noch mehr Zeit. Und keinen Druck, sonst geht gar nichts!« Herzlichen Glückwunsch! Sie sind auf dem besten Weg in die Kreativblockade. Es ist ein Mythos, dass Kreativität nur dann funktioniert, wenn Sie komplett frei und ohne Druck sind. Natürlich gibt es die Legende von der Zufallsidee: Da war einmal ein Mitarbeiter, der jahrelang diszipliniert seiner Arbeit nachging. Eines Tages – zack! – wurde er von einem Geistesblitz getroffen und hatte plötzlich eine grandiose Idee. Diese trug er seinem Chef vor, der sie begeistert aufnahm, umsetzte und dem Unternehmen Geld und Reichtum brachte. Es gibt diese Geschichten, und sie sind nicht einmal Märchen.

Ein japanischer Arbeiter brachte seinem Arbeitgeber – der japanischen Bahngesellschaft JR East – viel Geld ein. Beim Bau eines Eisenbahntunnels

Beispiel

im Mount Tanigawa drang Wasser ein, das abgepumpt werden sollte. Der Arbeiter trank das Wasser und kam auf die Idee, es als Mineralwasser abzufüllen. Die Bahnfirma brachte es unter dem Namen Oshimizu auf den Markt, und es wurde so erfolgreich, dass JR East Automaten auf fast tausend Bahnhöfen aufstellte.

Allerdings: Verlassen sollten Sie sich nicht auf solche Zufallstreffer. Die Wahrscheinlichkeit ist groß, dass Sie bis ans Ende Ihrer Tage warten.

»Erfolg hat nur, wer etwas tut, während er auf den Erfolg wartet.«

Der kreative Hintern braucht einen Tritt

Edisons Erfindungen waren kein Zufall. Sie waren das Ergebnis seiner Gewohnheit, sich selbst und seine Mitarbeiter beständigem Erfolgsdruck auszusetzen. Er erfand dazu alle möglichen Strategien. Eine davon ist die Ideenquote: »Eine kleine Erfindung alle zehn Tage, eine große Sache alle sechs Monate.« Um den Druck auf sich selbst zu erhöhen, verkündete er diese Zielvorgabe auch noch lautstark in der Presse. Nicht dass jemand auf die Idee kommen könnte, das sei gar nicht so gemeint gewesen.

Wie viele Ideen für neue Produkte, neue Dienstleistungen oder bessere Arbeitsabläufe haben Sie in der vergangenen Woche entwickelt? 100? 50? 10? Eine einzige? Noch weniger als eine? Sie brauchen sich nicht ertappt zu fühlen. Ich stelle diese Frage häufiger bei Vorträgen. Bei 100 und 50 hat sich noch nie jemand gemeldet. Bei 10 verirrt sich schon mal die eine oder andere Hand nach oben. Bei einer Idee geht ungefähr ein Drittel der Hände nach oben. Der Rest wartet auf Geistesblitze. Dann frage ich nach: »Warum haben Sie keine Ideen entwickelt?« Die klassische Reaktion lautet: »Mir sind einfach keine gekommen.« Dann frage ich nach: »Wann kommen Ihnen denn Ideen?« Die Antwort: »Meistens, wenn ich mit einem konkreten Problem konfrontiert werde.« Also: Wenn der Druck da ist, neue Ideen zu generieren.

Ihr Kopf ist von Natur aus eher ein Faulpelz

Ohne kreativen Druck würde Ihr Gehirn niemals auf die Idee kommen, wirklich neue Ideen auszuspucken. Wozu auch? Es läuft ja. Wann immer Sie auf der Suche nach neuen Ideen sind, wird Ihnen Ihr Kopf zunächst einmal das Naheliegende anbieten. Das, was schnell verfügbar ist. In Ihrem Gehirn geht es so zu wie früher im Schallplattenladen (falls Sie noch wissen, was das ist). Vorne in der Auslage lag das, was jeder hören wollte und jeder kannte. Wenn Sie etwas Spezielleres haben wollten, beispielsweise den coolen Live-Mitschnitt von Prince, dann mussten sie nachfragen – und nur, wenn Sie hartnäckig blieben, wurde das Gewünschte schließlich zutage gefördert.

So ähnlich müssen Sie sich das vorstellen, was in Ihrem Kopf passiert, wenn Sie eine neue Idee suchen. »Das menschliche Gehirn ist speziell dafür entwickelt, nicht kreativ zu sein«, schreibt der Kreativitätsforscher Edward de Bono. »Die Aufgabe des Gehirns ist es, stabile Schablonen zu entwickeln, um mit einer stabilen Welt umzugehen. Sobald diese Schablonen einmal entwickelt wurden, ist alles, was wir tun müssen, eine Situation zu erkennen und die entsprechende Schablone anzuwenden.« Für unseren Kopf ist das viel einfacher. Es spart wertvolle Ressourcen.

»Es gibt wohl keine Ausflucht, die ein Mensch nicht benutzt, um die wirkliche Arbeit des Nachdenkens zu vermeiden.«

Vielleicht erinnern Sie sich an Ihre erste Fahrstunde: Spiegel, Blinker, Blick zur Seite, Gas geben, Hund der Nachbarin überrollen und zielgerichtet in den fließenden Verkehr einordnen. Auf alles mussten Sie sich konzentrieren: kuppeln, schalten, lenken, gucken. Ohne Fahrlehrer wären Sie ein rollendes Todesurteil für jeden Fußgänger gewesen. Und heute? Läuft alles automatisiert ab. Für jede Standardsituation hat Ihr Unterbewusstsein ein Lösungsprogramm parat. Sie fahren ohne nachzudenken auf Autopilot.

Die Forschung erklärt das so: Unser Gehirn besteht aus rund 100 Milliarden Nervenzellen, sogenannten Neuronen, die durch ein gigantisches Netzwerk miteinander verknüpft sind. Jede Zelle steht in direktem Kontakt mit 10 000 bis 20 000 Zellen aus anderen Teilen des Gehirns. Wenn Sie in Ihrem Kopf Informationen abspeichern, entstehen Bahnen, gigantische Zellennetzwerke, denen zum Teil komplette Aufgaben übertragen werden. Tritt ein Problem auf, aktiviert das Gehirn bekannte biochemische Verknüpfungen und die Lösung ist da. Je mehr sich – wie nach Ihrer Fahrschulzeit – dieser Prozess automatisiert, desto weniger bekommen Sie davon bewusst mit.

»Unser Gehirn versucht stets, Abläufe so weit wie möglich zu automatisieren (und damit aus dem Bewusstsein zu verbannen), denn dadurch wird seine Arbeit einfacher, effektiver und stoffwechselphysiologisch billiger.«

Gerhard Roth, deutscher Hirnforscher

Ob Sie wollen oder nicht, Sie greifen zunächst immer auf Musterlösungen zurück. Anders ausgedrückt: Ohne Druck ist Ihr Gehirn stinkfaul. Ihr Unterbewusstsein wirft Ihnen die naheliegende Lösung hin und versucht, Sie so schnell wie möglich wieder loszuwerden, um das Bewusstsein für andere Dinge frei zu bekommen.

Setzen Sie sich unter Druck – Ideen wie aus dem Schnellkochtopf

Mit seiner Ideenquote folgte Thomas Edison letztlich nur dieser Logik des Gehirns. Erst den Standardkram aus dem Kopf herausholen und dann – wenn das Hirn nicht mehr weiterweiß – nerven, bis neue Lösungen kommen.

Möglichkeit 1: Setzen Sie sich quantitative Ziele

Nehmen Sie sich eine beliebige Zahl zwischen 20 und 50. Es kann Ihr Lebensalter sein, die Zahl der Jahre, die Sie verheiratet sind, die Zahl der Jahre seit Ihrer Scheidung, was auch immer. Eine schöne plakative Zahl, die Ihnen gefällt. Beispielsweise 37. Bringen Sie ganz viele Zettel mit der Zahl 37 so an, dass Sie sie täglich sehen: Die erste 37 hängen Sie in Ihre Küche, die nächste 37 in Ihr Auto, eine 37 kommt ins Portemonnaie, eine 37 an Ihren PC und eine 37 auf die Toilette. Das erinnert Sie daran, dass Sie Ihre Arbeitswoche nicht beenden, ohne 37 Ideen für ein bestimmtes Problem entwickelt zu haben. Nehmen wir an, Sie sind selbstständig: In der ersten Woche zwingen Sie sich, 37 Ideen für neue Dienstleistungsangebote zu entwickeln, in der zweiten 37 Ideen für neue Produkte, in der dritten 37 Ideen für Ihren Messestand, in der vierten 37 Ideen für alternative Finanzierungsmodelle und so weiter.

Sie werden schnell ein Muster feststellen: Die Ideen Nummer eins bis zehn sind belanglos. Oder Durchschnitt, nicht mehr. Zwischen zehn und zwanzig wird es schwieriger, aber Sie sind noch nicht wirklich begeistert. Ab 20 kommt irgendwann der Punkt, wo Sie Edison und mich verfluchen werden. Sie wollen alles hinwerfen. Dummerweise hat der Meyer ja behauptet, es würde funktionieren. Also atmen Sie tief durch und machen weiter. Irgendwo zwischen 25 und 30 beginnt Ihr Gehirn, Sie mit originelleren Ansätzen zu beliefern. Ihm bleibt nichts anderes übrig, weil Sie den Bestand an Musterlösungen zuvor systematisch aufgebraucht haben.

Schließen Sie Freundschaft mit Ihrer persönlichen Zahl, machen Sie sie zu Ihrem ständigen Begleiter. Erlegen Sie sich selbst eine Ideenquote auf: Montagmorgen auf dem Weg zur Arbeit fünf, während des Mittagessens noch einmal drei, auf dem Nachhauseweg zwei, dann sind Sie schon bei zehn. Am Ende der Woche sind Sie so bei 50.

Möglichkeit 2: Setzen Sie sich qualitative Ziele

Manche Dinge lassen sich schwer in Zahlen fassen. Wenn Sie beispielsweise in der Medienbranche tätig sind und sich vornehmen, künftig kreativer zu schreiben, bringt Sie die 37 nicht wirklich weiter. Oder wenn Sie gerade einen Businessplan entwickeln und dabei sind, eine Erfolgsstory für die Bank zu schreiben. Oder wenn Sie einen Prozess in Ihrem Arbeitsumfeld vereinfachen wollen. Dann brauchen Sie zwar immer noch mehr als eine Idee, damit Sie am Ende die beste auswählen können, aber Ihr persönlicher Erfolg ist mehr eine Frage der Ideenqualität als der -quantität.

Formulieren Sie Ihre Ziele anders. Beschreiben Sie sie: Wie sollen Ihre Texte künftig aussehen? Welche Vorbilder haben Sie? Bis wann soll die Erfolgsstory für die Bank fertig sein? Und wann haben Sie den Prozessablauf geändert? Beschreiben Sie das Bild der Zukunft möglichst genau: »Bis Ende des Jahres werde ich die Abrechnungen bei uns so vereinfachen, dass wir endlich die Rechnungsstapel auf unseren Schreibtischen los sind.« Sie haben zwar noch nicht die Ideen, wie Ihr neuer Prozess aussehen könnte, aber das ist zunächst zweitrangig: Das Qualitätsziel ist das Wichtige.

> **Tipp:** Viele Menschen warten auf die große Idee und beginnen sie dann umzusetzen. Probieren Sie es andersherum! Vertrauen Sie einfach darauf, dass Ihnen die Idee schon kommen wird, wenn Sie ein Ziel nur hartnäckig genug verfolgen. Sie werden sehen: Irgendwann wird Ihr Kopf tatsächlich eine Lösung ausspucken!

»Hallo Chef! Ich habe morgen zehn Ideen!« – Kündigen Sie Ihre kreativen Gewitter an

»Das soll ein Witz sein, oder? Ich soll zu meinem Chef gehen und ihm sagen, dass ich neue Ideen entwickle, die ich noch gar nicht habe?« Es ist kein Witz, sondern ein hoch effektiver Weg zum kreativen Ziel. Die meisten Ideen scheitern daran, dass Sie sagen: »Ich habe keine Zeit für Kreativität.« Und warum haben Sie keine Zeit? Weil andere Dinge wichtiger sind. Und warum sind andere Dinge wichtiger? Weil Sie vor Ihrem Chef ziemlich dumm dastehen würden, wenn Sie ständig sagen müssten: »Tut mir leid, ging nicht, hatte keine Zeit.«

Haben Sie Vertrauen in sich! Da wird schon was passieren in Ihrem Kopf. Und wenn nicht, finden Sie bestimmt tausend kreative Wege, zu Ideen zu kommen: Sie fragen Kollegen, Sie veranstalten eine Ideenparty bei sich zu Hause, Sie starten eine Ketten-E-Mail,

Sie loggen sich in ein Internetforum ein und lassen andere Köpfe für sich arbeiten oder Sie wünschen sich Ideen zum Geburtstag. Anders haben es große Geister auch nicht gemacht. Glauben Sie, Edison hatte alle Ideen selbst? Im Gegenteil: Er schuf sich das, was wir heute ein Kreativnetzwerk nennen, das er regelmäßig befragen konnte. Erinnern Sie sich: Er sagte von sich selbst, er sei »eigentlich mehr ein Schwamm als ein Erfinder«, der Ideen aufsaugt und sie dann umsetzt.

Rufen Sie sich immer wieder das Harvard-Modell in Erinnerung: Es gibt keine kreativen Menschen, nur kreative Handlungen. Jeder kann kreativ sein. Sie finden in diesem Buch noch ein eigenes Kapitel, das Ihnen zeigt, wie Sie sich ein kreatives Umfeld aufbauen können.

Planen Sie Ihre Geistesblitze

Gehen Sie in Gedanken Ihr privates und Ihr berufliches Umfeld durch. Überlegen Sie, was Sie mit Ihrer Kreativität erreichen wollen. Setzen Sie sich klare Ziele und beginnen Sie, Ihre Vision zu formulieren. Oder besser: Ihre Visionen. Noch ist nur die grobe Richtung klar, in die es gehen wird, das genaue Ziel steht noch nicht fest.

Das könnte zum Beispiel so aussehen:

Wo sehe ich Dinge, die ich durch neue Ideen verändern möchte?	Wie soll das Ergebnis aussehen?	Bis wann will ich es erreichen?
Abläufe in unserer Rechnungserstellung	keine Papierstapel mehr auf dem Tisch, schnelle und einfache Bearbeitung, alles leicht aufzufinden	in drei Wochen habe ich die Lösung gefunden

Das Gesetz des keativen Drucks

Ideen für meine Power-Point-Präsentationen	klarer, bildhafter, weniger Text	Schritt 1: Text durch Bilder ersetzen – bis Ende des Monats Schritt 2: neue Dramaturgie entwickeln – in zwei Monaten
Themen für unsere Mitarbeiterzeitung	neue Inhalte, mehr »Bunte« als »Amtsblatt«	täglich fünf neue Themenideen

Beginnen Sie, Ihre Ziele ab sofort zu verfolgen. Nehmen Sie sich am Anfang nicht gleich zu viel vor. Zwar hat Thomas Edison bis zu 40 Projekte gleichzeitig verfolgt, aber auch nicht von Anfang an. Ein bis zwei Ziele sind für den ersten Schritt genug. Schaffen Sie sich Erfolgserlebnisse, die Ihnen zeigen: Ja, ich kann kreativ sein!

Tipp: Vielleicht wollen Sie erst einmal Vertrauen in Ihre kreativen Fähigkeiten gewinnen, bevor Sie in Ihrem beruflichen Umfeld große Ankündigungen machen. Dann beginnen Sie damit, sich kreative Ziele in Ihrem privaten Umfeld zu setzen: ein eigenes Kochrezept, eine neue Einrichtungsidee, ein fertig gemaltes Bild, eine Fotogalerie mit Ihren Aufnahmen. Sobald Sie sich das Ziel gesetzt haben, werden Sie feststellen, dass Ihr Kopf zu arbeiten beginnt. Je mehr Sie über die Sache nachdenken, desto mehr arbeitet Ihr Kopf. Und desto mehr Ideen werden Sie entwickeln.

Fazit

- Setzen Sie sich hohe kreative Ziele – ohne geht es nicht.
- Formulieren Sie Ihre Ziele klar – quantitativ oder qualitativ.
- Nehmen Sie Ihre Ziele ernst, und bleiben Sie konsequent.

3.

Das Gesetz der kreativen Vision: »Um zu erfinden brauchen Sie eine gute Vorstellungskraft«

Die Ziele dieses Kapitels

- Sie erfahren, warum Neues so oft auf Widerstand stößt.
- Sie lernen, wie Sie zwischen echten Innovationen und Phantominnovationen unterscheiden können.
- Sie finden heraus, ob Sie eher Träumer oder eher Realist sind.

»Geht nicht.«
»Technisch nicht machbar.«
»Nicht durchsetzbar.«
»Viel zu teuer.«
»Unmöglich!«

So lauten sie, die gängigen Killerphrasen für neue Ideen. Was nicht ins bekannte Denkschema passt, wird abgelehnt. Ohne Begründung. Punkt. Aus. Ende der Diskussion. Ich wette, Sie haben auch schon einmal Bekanntschaft mit einem Ideenkiller gemacht: Voller Begeisterung berichten Sie einem Kollegen oder Ihrem Chef von einer neuen Idee. In Ihnen lodert das Feuer, Sie sind kaum zu bremsen. Denken Sie jedenfalls. Und dann kommen Sie in der Realität an: Was nach Risiko riecht, gilt als unmöglich, bevor es überhaupt probiert wurde. Und jedes erkennbare Hindernis ist ein weiterer Beweis dafür, dass Ihre Idee total absurd und technisch nicht machbar ist.

Zack! Tot! Tschüss, Idee! Immerhin, Ihr Chef meint es gut mit Ihnen: »Da gibt es diese psychologische Gemeinschaftspraxis in der Karl-August-Allee, die können bei Visionen helfen.«

Die gute Nachricht ist: Mit Ihnen ist alles in Ordnung. Das Problem liegt in Ihrem Umfeld. Die schlechte Nachricht: Woanders ist das Umfeld nicht besser. Wir alle neigen dazu, Unbekanntes und Unvorstellbares erst einmal abzulehnen. »Das stimmt nicht, bei uns in der Firma sind wir alle unglaublich innovativ.« Das glaube ich Ihnen gerne. Die Frage ist nur: Was ist »innovativ«? In meiner Arbeit mit Unternehmen bemerke ich immer wieder ein Phänomen, das ich »Phantominnovationen« nenne.

Phantominnovationen: Alle reden drüber, keiner sieht sie

Ich möchte Ihnen dieses Phänomen an einem Beispiel aus meiner Arbeit erklären. Das Management eines mittelständischen Unternehmens war mit dem Innovationsprozess im eigenen Haus unzufrieden: zu wenig Neues. Sie traten mit der Aufgabe an mich heran, eine Struktur für einen kontinuierlichen Innovationsprozess auszuarbeiten: feste Abläufe, Regeln und Entscheidungsgrundlagen, damit neue Ideen im Unternehmen eine Chance haben.

Im Prinzip ist so eine feste Struktur sinnvoll. Sie stellt sicher, dass Mitarbeiter mit Ideen einen Ansprechpartner haben, dass keine Ideen verloren gehen und dass sich das Unternehmen regelmäßig mit neuen Ideen beschäftigt. Zu Beginn der Zusammenarbeit fragte ich: »Haben Sie genügend neue Ideen?« Fünf Köpfe nickten: »Überhaupt kein Problem. Wir haben so viele Ideen, wir wissen gar nicht, wohin damit.« Am ersten Tag des Workshops gelangten wir zu einem vollkommen unerwarteten Ergebnis: Die Struktur war schon lange vorhanden, nur hatte sie noch nie jemand zu Papier gebracht. Das Hauptproblem des Unternehmens war die Qualität der Ideen: Zwar überlegten die Mitarbeiter ständig, wie sie die Produkte weiterentwickeln könnten, doch wirklich neue Ideen waren nicht dabei. Stattdessen Phantominnovationen: eine Kante, die jetzt rund ist, ein Produkt, das 1,2 Gramm leichter ist als der Vorgänger, eine neue Farbe fürs Produkt und so weiter.

Was in dieser Firma passierte, können Sie sich vorstellen wie in einem Museum, in dem der Leiter darüber nachdenkt, wie man durch neue Ideen mehr Zuschauer in die Ausstellung bekommt. Er hat die Idee, die Stellwände von mausgrau auf hellgrau umzustreichen, um die Exponate in einem freundlicheren Ambiente zu präsentieren. Wenn nun noch viel Wind um die neue Idee gemacht wird – ein Arbeitskreis, eine Besucherbefragung, ein Ideenwettbewerb – ist die Phantominnovation perfekt: Man hat lange darüber geredet mit einem Ergebnis, auf das man ohne Anstrengung mit 10 Minuten intensivem Nachdenken auch gekommen wäre. Auf die Idee, aus dem Museum ein populärwissenschaftliches Entertainment-Center zu machen, kommt jedoch niemand. Das wäre eine echte Innovation gewesen.

Unmöglich ist nur ein Mangel an Fantasie!

»Neues ist nur in den Kategorien des Bekannten fassbar«, schreibt der *Harvard Business Manager*. »Was außerhalb dessen liegt, wird schlichtweg nicht verstanden oder wahrgenommen.« Kiyoshi Kurokawa, wissenschaftliche Berater der japanischen Regierung, brachte es in einem Interview mit dem Magazin *Technology Review* auf den Punkt: »Zu sagen, dass etwas unmöglich erscheint, zeugt nur davon, dass es einem wahrscheinlich an Vorstellungskraft und Fantasie und damit einer wichtigen Funktion des Gehirns mangelt.«

Nehmen wir einmal an, Sie haben eine revolutionäre neue Idee. Vielleicht haben Sie soeben das Handy überflüssig gemacht, weil Sie einen Kommunikationschip entwickelt haben, der direkt ins Hirn eingepflanzt wird. Oder Sie haben fühlbare Hologramme entwickelt, die täuschend echt eine Zeitung simulieren. Oder beides zusammen: Sie sitzen im ICE von Köln nach Frankfurt, denken daran, dass Sie gerne die neue Ausgabe der *ZEIT* lesen möchten und – schwupp! – hat sich Ihr Kommunikationschip im Kopf über den Hotspot mit dem Verlag in Verbindung gesetzt, das gewünschte Produkt heruntergeladen und Sie halten die täuschend echte Zeitung in der Hand. Und jetzt nehmen wir einmal an, Sie haben es geschafft, mit dieser revolutionären neuen Idee einen Termin in den Vorstandsetagen von Sony Ericsson und dem ZEIT-Verlag zu erhalten. Dann rechnen Sie in Ihren Träumen wahrscheinlich mit folgender Reaktion: »Wow! Irre! Genau das, worauf wir gewartet haben! Sie sind ein Genie!« Oder?

Stellen Sie sich besser auf das Gegenteil ein. Mit hoher Wahrscheinlichkeit halten beide Firmen Sie für völlig durchgeknallt. Sie dachten, Sie würden der gefeierte Innovator werden, stattdessen sind Sie der Depp vom Dienst. Vielleicht hilft es Ihnen: Fast alle großen Erfinder waren irgendwann einmal in der Position des DvD.

Thomas Alva Edison **Beispiel**

Als Thomas Edison 1877 den Phonographen, das erste Gerät, das es erlaubte, die menschliche Stimme aufzunehmen und abzuspielen, in der Zeitung vorstellte, reagierte die Fachwelt mit Skepsis. Ein Professor nannte die Idee einer Sprechmaschine »lächerlich« und schrieb Edison, er solle »seinen guten Ruf als Erfinder unter Wissenschaftlern« retten und Zeitungsberichte über seine Erfindung widerrufen.

Unsinn! Schwachsinn! Geht nicht! Warum wir Neues oft ablehnen

Hätten Sie Anfang der 80er Jahre prophezeit, dass in einem Vierteljahrhundert jeder mit einem Handy durch die Welt rennt und überall Nachrichten abrufen kann, die E-Mail genannt werden, die meisten Menschen hätten Sie als Spinner abgetan. Sie hätten es sich nicht vorstellen können. Woran liegt das?

Erfahrungen aus der Vergangenheit fehlen Unser Weltbild ist von den Erfahrungen der Vergangenheit geprägt – alles, was nicht über diese Erfahrungen greifbar ist, können wir uns nicht vorstellen. Die natürliche Abwehrreaktion lautet: »Schwachsinn!«

Die Idee wird zu abstrakt dargestellt Egal wie viele Datenblätter und Texte wir lesen: Von Natur aus sind wir sinnliche, vor allem visuelle Wesen. Was wir nicht mindestens sehen, besser noch fühlen und erfahren, können wir uns schwer vorstellen.

Die Skepsis gegenüber Neuem überwiegt Ich gebe Ihnen die Garantie, dass Sie immer jemanden finden werden, der sagt: »Geht nicht.« Lassen Sie sich davon nicht irritieren!

Träumer und Realisten

Gerade das »Geht nicht«-Argument fällt im Alltag häufiger, als Sie denken. Es steht uns etwas im Weg, was der amerikanische

Autor Frans Johansson in seinem Buch *The Medici Effect* »assoziative Barrieren« nennt. Kreative Menschen wie Thomas Edison zeichnen sich dadurch aus, dass sie in der Lage sind, »problemlos verschiedenes Wissen aus unterschiedlichen Bereichen miteinander zu verknüpfen«. Sie sind Träumer, denn in ihrem Kopf ist zunächst einmal alles möglich. Ein Architekt, der beim Entwurf eines neuen Gebäudes Termitenhügel studiert, um aus den Belüftungssystemen der Natur zu lernen, gehört zu den Träumern, genauso wie ein Koch, der Austern mit Mango und Curry kombiniert oder Lobster mit Karamell überzieht. Träumer – also Menschen mit niedrigen assoziativen Barrieren – finden Lösungen, die wenig mit dem zu tun haben, was sie in der Vergangenheit erlebt, oder mit Lösungen, die andere entwickelt haben. Die Ideen, die diesen Denkprozessen entspringen, sind neu und ungewöhnlich, ihre Entstehung ist häufig nicht logisch nachzuvollziehen.

Dem stehen Menschen gegenüber mit hohen assoziativen Barrieren: Realisten. Für Realisten gehört Curry zur Wurst und nicht zur Auster. Wenn sie einen Architekten vor einem Termitenhügel sehen, schütteln sie den Kopf und sagen: »Spinner!« Realisten sind in der Lage, sehr schnell Lösungen für auftretende Probleme zu finden. Sie greifen einfach auf bestehende Erfahrungen zurück, die in irgendeiner Schublade im Kopf abgespeichert sind. Sie öffnen die Schublade, holen das Konzept heraus und haben – zack, zack! – die passende Lösung parat. Diese Lösung ist nicht neu, aber schnell und überzeugend. Keine Experimente! Was soll daran verkehrt sein, Lösungen anzuwenden, die in der Vergangenheit immer funktioniert haben?

Sie sehen, dass assoziative Barrieren im Kern nichts Negatives sind. Im Gegenteil: Sie sind ein wesentlicher Schlüssel für unser biologisches Überleben. Unser Gehirn ist ständig damit beschäftigt, Dinge einzuordnen, in Gruppen zusammenzufassen und in verschiedene Schubladen abzulegen. Das ermöglicht es uns, punktgenaue Entscheidungen intuitiv zu treffen, ohne lange darüber nachdenken zu müssen. Nur bei der Suche nach neuen Ideen sind uns diese Barrieren im Weg.

Test: Sind Sie Träumer oder Realist?

Wozu neigen Sie? Sind Sie Träumer oder Realist? Entscheiden Sie kreativ oder schnell? Bevorzugen Sie neue Lösungen oder erprobte Rezepte? In diesem Test können Sie es herausfinden. In der Auswertung finden Sie Tipps, wie Sie aus Ihrem Typ das Beste herausholen können.

	Trifft überhaupt nicht zu	Trifft nicht ganz zu	Weiß nicht	Trifft teilweise zu	Trifft voll und ganz zu
	−2	−1	0	+1	+2
»Ich kann mir die absurdesten Kombinationen vorstellen, da kenne ich kaum Grenzen.«					
»Immer die gleiche Lösung – das ist mir zu langweilig. Ich will Neues ausprobieren!«					
»Ich entscheide lieber außergewöhnlich als schnell.«					
»Der Architekt vor dem Termitenhaufen. Solche Querdenkergeschichten finde ich spannend.«					
»Ich umgebe mich gerne mit Menschen, die komplett anders denken als ich.«					

Auswertung

−10 bis −6 Punkte Realist. Eindeutig. Sie lassen wenig Neues an sich heran. Bekanntes und Bewährtes ist Ihnen dreitausend Mal lieber als Neues und Unsicheres. Fühlen Sie sich wohl dabei? Wenn ja, gehören Sie zu den Entscheidertypen, die einfach so sind. Das ist – wie Sie ja gelesen haben – in Ordnung. Versuchen Sie aber unbedingt, mit dem Urteil »Spinner« vorsichtiger umzugehen! Viele dieser angeblichen »Spinner« haben die Grundlage für das geschaffen, was Sie heute schnell entscheiden. Vielleicht fühlen Sie sich aber auch nicht wohl dabei. Dann spielt Unsicherheit eine große Rolle: Sie haben Angst davor, bekanntes Terrain zu verlassen. Warum? Haben Sie Angst davor, zu scheitern? Im folgenden Kapitel wird es auch darum gehen, dass Scheitern etwas sehr Positives sein kann.

−4 bis 0 Punkte Realist mit Träumeranteil. Eine gute Mischung für Kreativität, so wie sie Thomas Edison verstand. Ich denke, mit der Aussage »Genie ist 1 Prozent Inspiration und 99 Prozent Transpiration« können Sie sich gut identifizieren. Achten Sie aber darauf, dass Sie Ihre Träumeranteile nicht verlieren! Gerade unter Stress und Druck neigen Sie dazu, den Realisten in sich durchkommen zu lassen und den Träumer einfach zu vergessen. Er ist nicht weg, aber um vom Realisten auf den Träumer umzuschalten, brauchen Sie Zeit. Planen Sie unbedingt Pufferzeiten zwischen Routineaufgaben und kreativen Aufgaben ein.

1 bis 5 Punkte Träumer mit Realistenanteil. Ebenfalls eine gute Mischung, etwas fantasievoller als der Realist mit Träumeranteil. Sie haben alles, was Sie brauchen, um gute Ideen zu entwickeln: die notwendige Offenheit für Neues, aber zugleich auch den Blick dafür, dass gerade in Unternehmen nicht alles machbar ist. Manchmal neigen Sie dazu, den Realisten in sich zu vergessen. Für den kreativen Prozess ist das hilfreich, denn es bringt Sie auf neue

Ideen. Bedenken Sie aber, dass Sie den Realisten wieder einschalten, bevor Sie diese neuen Ideen präsentieren. Die Kombination aus dem Träumer und dem Realisten ist es, die Sie erfolgreich macht.

6 bis 10 Punkte Sie gehören zu den Visionären, die sich alles vorstellen können. Das hat zwei Seiten: Zum einen ist es ein befreiendes Gefühl, mit Dingen im Kopf spielerisch umgehen zu können, immer wieder neue Inspirationen zu suchen und daraus Neues entstehen zu lassen. Und zum anderen stoßen Sie häufiger auf Hindernisse: Nicht jeder in Ihrem Umfeld kann sich für Ihre Träume so begeistern wie Sie. Die meisten Menschen neigen mehr zum Realisten als Sie. Lassen Sie sich trotzdem nicht verwirren: Sie verfügen über ein Potenzial, das Sie geschickt nutzen können. Suchen Sie sich dazu einen Gegenpol, jemanden, der Sie immer wieder auf den Boden der Tatsachen zurückholt.

Die Zeitreise: Entwickeln Sie Ihre Vorstellungskraft

Es gibt eine einfache Übung, mit der Sie Ihre Vorstellungskraft entwickeln können: die Zeitreise. Ich möchte Sie ins Jahr 1998 mitnehmen: Nicht einmal jeder dritte Haushalt in Deutschland besaß damals einen PC, von allen Menschen zwischen 14 und 64 Jahren waren nur 12 Prozent online (2007: über 60 Prozent). Und von denen, die im Netz waren, nutzten nur 11 Prozent das Internet zum Einkaufen, 9 Prozent buchten Reisen. Das Institut für Demoskopie Allensbach stellte damals 9 500 Menschen die Frage: »Werden Sie das Internet auf absehbare Zeit nutzen?« Was schätzen Sie, wie viele Befragte in dieser Altersgruppe damals sagten, dass sie das Internet NICHT nutzen wollen? 82 Prozent. Sie haben richtig gelesen: 82 Prozent! Anders ausgedrückt: Acht von zehn Menschen fehlte komplett die Vorstellungskraft, was sie mit dem Internet anfangen könnten.

Stellen Sie sich vor, jemand hätte damals geschrieben: Wir werden immer und überall im Internet sein, eine Suchmaschine wird zu einem der mächtigsten und erfolgreichsten Unternehmen weltweit werden, die Musikindustrie wird zusammenbrechen, wir werden über das Internet fernsehen und in virtuellen Welten Land kaufen. Bei mindestens 80 Prozent der Bevölkerung hätte das nur zu einem Kopfschütteln geführt.

Nehmen Sie sich einen Moment Zeit und lassen Sie die Entwicklung seit 1998 Revue passieren: Wie viele Computer haben Sie seitdem gekauft? Was gab es alles Neues? Welche neuen Möglichkeiten haben Sie in dieser Zeit kennen gelernt? Wie hat sich Ihr Alltag durch die Nutzung von Computer und Internet verändert? Übertragen Sie diese Entwicklung einmal auf die Gegenwart. Jetzt nehmen Sie die Entwicklungsschritte des Internets seit 1998, übertragen sie auf das Internet von heute und denken die Entwicklungsschritte zehn bis fünfzehn Jahre nach vorne. 1998 war Einkaufen im Internet noch ein Nischenthema. Seitdem hat es sich rasant entwickelt. Wie sieht Einkaufen in virtuellen Internetwelten analog dazu in zehn bis fünfzehn Jahren aus? Falls Sie mit virtuellen Welten nichts anfangen können, nehmen Sie eine andere Entwicklung: Ihr Arbeitsplatz 1998 und heute. Wie haben Sie damals gearbeitet, wie arbeiten Sie heute? Nehmen Sie ein gleiches Entwicklungstempo für die Zukunft an und prognostizieren Sie nach vorne. Damit werden plötzlich Dinge vorstellbar, die heute unrealistisch scheinen.

Tipp: Unternehmen Sie eine solche Zeitreise immer dann, wenn Sie Schwierigkeiten haben, sich die Umsetzung einer Idee vorzustellen. Schauen Sie sich an, welchen Weg andere Ideen in der Vergangenheit genommen haben, und stellen Sie sich vor, dass Ihre Idee die gleiche Entwicklung macht.

Übrigens: Selbst Thomas Edison stieß mitunter an die Grenzen seiner Vorstellungskraft. Er entwickelte die erste elektrische Eisenbahn, baute sie auf dem Gelände seines Labors in Menlo Park auf und richtete für seine Mitarbeiter einen regelmäßigen »Angel-Express« zum nächstgelegenen Gewässer ein. Allerdings entwickelte er seine Erfindung nicht weiter: Edison konnte sich nicht vorstellen, dass die elektrische Eisenbahn eine Zukunft haben würde.

Fazit

- Neues ist für uns schwer vorstellbar. Darum lehnen wir es oft ab.
- Bereiten Sie sich darauf vor, dass Ihre Ideen alleine deshalb abgelehnt werden.
- Trainieren Sie Ihre visionäre Kraft durch Übungen wie die Zeitreise.

4.

Das Gesetz des kreativen Scheiterns: »Für eine großartige Idee brauchen Sie eines: viele Ideen«

Die Ziele dieses Kapitels

- Sie erfahren, warum kreative Menschen überdurchschnittlich oft scheitern.
- Sie lernen, Ihre Einstellung zu Fehlern zu überprüfen.
- Sie trainieren, Ihre Fehler zu Ihren wertvollsten Erfahrungen zu machen.

Es ist ein Merkmal kreativer Menschen, dass sie viele Ideen haben. Gute und eben auch schlechte. Vor allem schlechte. Im letzten Kapitel haben Sie die Geschichte von Google kennen gelernt: Ein Prinzip aus der Wissenschaft führte zur Internet-Revolution. »Eine großartige Idee!«, denken Sie. Ja, aber die Idee war nicht von vornherein großartig – sie entstand aus einer fürchterlich schlechten.

Beispiel

Heute bringt Larry Page, einer der beiden Gründer, ganze Säle zum Lachen, wenn er von seiner ersten Idee erzählt. Er hatte den Einfall, das gesamte Internet auf seinen Computer herunterzuladen. »Ich ließ meinen Doktorvater wissen, dass es nur eine Woche dauern würde«, erinnert er sich. Natürlich hat das nie funktioniert. An der Stanford-Universität wurde Page von Mitstudenten verspottet. Doch diese schlechte Idee entwickelte er weiter und begann, nur die Links herunterzuladen. Ein Jahr später war aus der schlechten Idee eine erste primitive Suchmaschine entstanden. Und ein weiteres Jahr später war Google in Betrieb.

»Ja, das ist eine schöne Geschichte«, denken Sie vielleicht, »aber eben nur eine Geschichte.« Keineswegs. Auch Thomas Edison wurde nur deshalb Weltmeister im Patentieren, weil er zugleich Weltmeister im Scheitern war. Würde man ihn ausschließlich an seinen schlechten Ideen messen, würde man über ihn sagen: ein Scharlatan, der verzweifelt versuchte, etwas Nützliches zu entwickeln.

Beispiel *Thomas Alva Edison*

Edisons erstes Patent trug die Nummer 90.646 – ausgestellt am 1. Juni 1869: ein elektrischer Stimmenzähler für Parlamente. Bis dahin mussten die Stimmen bei Abstimmungen umständlich per Hand ausgezählt werden, jetzt mussten die Abgeordneten nur noch einen Knopf drücken, das Gerät addierte die abgegebenen Stimmen automatisch. Vollkommen idiotensicher. Eine geniale Idee, oder? Die Abgeordneten sahen das anders. Warum einfach, wenn es auch kompliziert geht? Das Gerät war ein Flop.

»Ein Fehlschlag ist lediglich die Gelegenheit, mit neuen Einsichten noch einmal anzufangen.«
Henry Ford, amerikanischer Industrieller

»Na ja, das war ja auch dusselig«, kann man da einwenden. »Klassisch am Markt vorbeigedacht.« Dusselig oder nicht, ich könnte ein ganzes Handbuch mit Ideen füllen, die auf Grundlage »absolut sicherer Marktforschungsdaten« entwickelt wurden und trotzdem floppten. Wenn Sie neue Ideen entwickeln, müssen Sie sich mit dem Gedanken anfreunden, dass Sie damit scheitern können. Selbst wenn Sie sich die teuerste Unternehmensberatung und eine ausgeklügelte Marktforschung leisten könnten.

Kreative scheitern öfter. Und sie lieben es!

»Hervorstechendes Merkmal kreativer Menschen ist ihre immense Produktivität«, schreibt der amerikanische Autor Michael Michalko, der Denkweisen und Arbeitstechniken berühmter Genies wie Bach und Mozart, da Vinci und Rembrandt, Freud und Shakespeare untersuchte. Eines seiner Ergebnisse war: »In der Tat stammten von den großen Poeten mehr schlechte Gedichte als von den unbedeutenden Dichtern. Die Zahl ihrer schlechten Gedichte war höher, weil sie mehr schrieben.« Die allgemeine Annahme, herausragende kreative Genies hätten nur ausgewählte Meisterwerke produziert, sei – so schreibt Michalko – schlicht falsch.

Edison hat das Scheitern geliebt. Das ist kein Witz. Er begann seine Experimente im vollen Bewusstsein, dass sie scheitern würden. Weil die Ideen schlecht waren. Das war für ihn aber nicht wichtig. Seine Arbeitsweise – von seinen Kritikern spöttisch »edisonisch« genannt – bestand in einem ständigen Kreislauf: eine Idee haben und sie ausprobieren; analysieren, warum sie gescheitert ist; eine neue Idee entwickeln und wieder ausprobieren. Immer wieder.

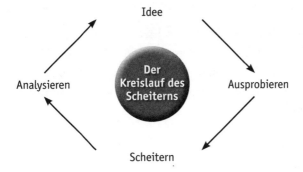

»Viele Fehlschläge im Leben stammen von Menschen, die nicht gesehen haben, wie dicht sie am Erfolg dran waren, als sie aufgaben.«

»Nicht einmal die Möglichkeit eines Misserfolgs will er gelten lassen«, sagte Henry Ford, Edisons ehemaliger Mitarbeiter und späterer Freund, anerkennend über ihn. Wenn wieder einmal ein Experiment danebenging, interpretierte Edison den Wissenszuwachs als Erfolg. War er verrückt? Nein, er war ein ganz normaler Mensch. Er hat sich keine Pinguine im Wohnzimmer gehalten und sich vor dem Erfinden auch keinen Eimer Wasser über den Kopf geschüttet. Edison hat sich nur den Luxus erlaubt, Dinge auszuprobieren, auf die andere erst gar nicht gekommen sind. Dass er dabei zwangsläufig mehr schlechte Ideen entwickelte als jemand, der nicht kreativ ist, liegt auf der Hand. Und dass er dabei häufiger scheiterte als jemand, der erprobte und sichere Wege geht, ist ebenfalls eine einfache Rechnung. Doch Edison nahm diese Dinge mit Gelassenheit und Humor. Als wieder einmal eines seiner Experimente für die Glühlampe gescheitert war, bemerkte er nur trocken: »Wir kennen jetzt 1 000 Wege, wie man keine Glühbirne baut.«

Schöner scheitern – der Weg zum kreativen Erfolg

Für einen Kreativen ist jede schlechte Idee ein Schritt zu einer guten Idee. Für alle anderen ist jede schlechte Idee ein Beweis dafür, dass das Neue nicht funktioniert. Thomas Edison ließ sich selbst dann nicht entmutigen, wenn seine Erfindungen kläglich und in aller Öffentlichkeit versagten.

Thomas Alva Edison **Beispiel**

Sie haben ja bereits gelesen, dass Edison die Telegrafie – Mitte des 19. Jahrhunderts die modernste Form der Kommunikation – um eine Vielzahl von Erfindungen bereicherte. Es war damals noch nicht möglich, ein Telegramm über Tausende von Kilometern zu verschicken: Stattdessen schrieben Mitarbeiter in den Telegrafenstationen das Telegramm mit und morsten es per Hand weiter. Thomas Edisons Idee: Statt die Morsezeichen per Hand weiterzugeben, könnte man die Signale auf einen Papierstreifen aufzeichnen und so automatisch weiterleiten. Edison erfand das »Repetiergerät«, eine im Prinzip revolutionäre Idee. Allerdings war das Gerät so langsam, dass es in Spitzenzeiten den gesamten Telegrafenverkehr zusammenbrechen ließ. Das Repetiergerät wurde daraufhin verboten.

Bekommen Sie langsam ein Gespür dafür, wie viele schlechte Ideen Sie für eine einzige gute Idee brauchen? Dann ahnen Sie, warum Sie dringend damit beginnen sollten, Ihre schlechten Ideen zu lieben. Der Weg zu einer guten Idee führt immer über einen großen Haufen mit kreativem Sondermüll. »Haben Sie sich jemals gefragt, warum ein offensichtlich langweiliges Produkt überhaupt hergestellt wird, ein schlechter Film in die Kinos kommt und ein schlechter Gesetzentwurf vom Parlament verabschiedet wird?«, fragt Marissa Ann Mayer, die für die Entwicklung bei Google verantwortlich ist. »In solchen Fällen haben die Menschen, die daran arbeiten, so viel Zeit und Herzblut in die Sache gesteckt, dass es schmerzt, sie aufzugeben. Sie wissen oftmals, dass das Projekt in die falsche Richtung läuft, doch sie ziehen die Sache bis zum bitteren Ende durch. Deshalb ist es so wichtig, Fehler früh zu entdecken und schnell zu beseitigen.«

Der nachfolgende Test zeigt Ihnen, wo Sie gerade stehen und wie viele Fehler Sie zulassen. Wahrscheinlich werden Sie über die Überschrift zunächst stolpern. Doch ich frage Sie da ganz bewusst: Haben Sie genügend schlechte Ideen? Und ich gehe mit Ihnen jede Wette ein, dass sich unter Ihren schlechten Ideen wirkliche Goldstücke finden.

Test: Haben Sie genügend schlechte Ideen?

	Nein	Selten	Mitunter	Häufig	Ständig
	–2	–1	0	+1	+2
Im Laufe eines Tages habe ich viele Gedanken und Ideen, von denen ich die meisten wieder vergesse.					
Manchmal spiele ich mit Ideen in meinem Kopf: Einfach nur so, auch wenn es unsinnig ist.					
Ich habe manchmal Einfälle, die ich lieber nicht äußere, weil sie wahrscheinlich schlecht sind.					
Meine Ideen passen oft nicht zu dem, was meine Kollegen, Mitarbeiter oder Vorgesetzten sich vorstellen.					
In meinem beruflichen und privaten Umfeld gelte ich als kreativer Spinner.					

Auswertung

–10 bis –6 Punkte Sie hängen dem Mythos nach, dass jede Idee auf Anhieb gut sein muss. Dabei würgen Sie regelmäßig Ihren Ideenmotor ab. Worauf warten Sie? Auf einen Geistesblitz, der Ihnen irgendwann die große Idee liefert, auf die Sie seit Jahren gewartet haben? Fangen Sie an zu spinnen! Und freuen Sie sich auf die schlechten Ideen, die Sie auf dem Weg zu einer guten Idee benötigen.

−4 bis 0 Punkte Sie zeigen Ansätze kreativer Produktivität, jedoch könnten es viel mehr sein. Haben Sie den Mut, vielfältige Ideen zu entwickeln, ohne auf den inneren Zensor zu hören. Nehmen Sie sich Freiräume, in denen Sie sich nicht dem Zwang zur Effektivität unterwerfen, sondern in denen Sie mit Gedanken und Ideen spielen.

1 bis 5 Punkte Sie haben viele Ideen und Sie ahnen auch, dass es nicht immer klug ist, jede Idee gleich zu äußern. Gibt es im Arbeitsumfeld Menschen, die nur darauf warten, »schlechte« Ideen anderer zu brandmarken? Lassen Sie sich davon nicht entmutigen. Freuen Sie sich über Ihre kreative Produktivität und lernen Sie, Ihre schlechten Ideen als Teil des Prozesses zu akzeptieren.

6 bis 10 Punkte Sie verfügen über ein großes kreatives Potenzial. Darauf können Sie stolz sein! Überprüfen Sie bitte, ob Sie Ihr kreatives Potenzial wirklich optimal nutzen. Viele kreative »Spinner« entwickeln Ideen wie am Fließband, vergessen aber, dass Sie an einer Idee festhalten, sie entwickeln und vermarkten müssen, damit sie erfolgreich wird.

Tipp: Haben Sie den Mut, Ideen zu entwickeln, egal wie ausgefallen, egal wie verrückt, egal wie albern oder kindisch sie zunächst erscheinen mögen. Jede geniale Idee beginnt mit einem verrückten Gedanken. Lassen Sie diese Gedanken zu! Und haben Sie keine Angst davor, dass es ein Fehlschlag werden könnte. Wichtig ist nicht, Fehler um jeden Preis zu vermeiden, sondern Fehler als Gelegenheit zum Lernen zu betrachten.

Fazit

- Scheitern Sie! Machen Sie Fehler, und zwar aus voller Überzeugung!
- Viele gute Ideen entstanden aus schlechten Ideen.
- Lassen Sie sich nicht entmutigen!

5.

Das Gesetz des kreativen Umfelds: »Es gibt hier keine Regeln. Wir versuchen, etwas zu erreichen!«

Die Ziele dieses Kapitels

- Sie entdecken die Bedeutung eines kreativen Umfelds.
- Sie erfahren, welche Kreativitätskiller in Ihrer Umgebung auftauchen und wie Sie Ihnen begegnen können.
- Sie lernen, Ihr Umfeld ideenfreundlicher zu gestalten.

Nehmen wir an, Sie nehmen sich vor Ihrer Haustür ein Taxi, weil Sie zum Bahnhof möchten. Statt dem Fahrer das Ziel zu sagen, geben Sie ihm folgende Anweisungen und den Auftrag, diese Anweisungen genau einzuhalten: »Fahren Sie 100 Meter geradeaus, an der ersten Telefonzelle links und an der zweiten Straße rechts. Wechseln Sie anschließend auf die rechte der beiden Linksabbiegerspuren und folgen Sie dem Straßenverlauf. Nach exakt 152 Metern halten Sie auf der rechten Seite.«

Wie groß ist die Chance, dass Sie den Bahnhof pünktlich zur Abfahrt des Zuges erreichen? Nun, relativ groß, solange es auf dem Weg zum Bahnhof keine unerwarteten Überraschungen gibt. Was aber passiert, wenn die Telefonzelle am Tag zuvor abgebaut wurde, auf der rechten

Linksabbiegerspur gerade ein Auffahrunfall passiert ist und nach exakt 152 Metern ein Lieferwagen den vorgesehenen Haltepunkt versperrt? Da Sie dem Taxifahrer nicht gesagt haben, dass er Sie zum Bahnhof bringen soll, sondern dass seine Dienstleistung darin besteht, Ihre Anweisungen einzuhalten, wird Ihr Fahrer es unmöglich schaffen, Sie pünktlich an Ihrem Ziel abzusetzen. Stattdessen entstehen drei regelungsbedürftige Präzedenzfälle, die Sie auf Ihrer nächsten Taxifahrt zum Bahnhof wie folgt regeln:

1. Sollte die Telefonzelle abgebaut sein, hat der Fahrer an der Stelle abzubiegen, an der sich die Telefonzelle zuletzt befunden hat.
2. Im Falle eines Hindernisses auf der rechten Linksabbiegerspur kann der Fahrer ausnahmsweise auch die linke Linksabbiegerspur benutzen, sofern er sich unmittelbar nach dem Abbiegevorgang wieder rechts einordnet.
3. Sollte der vorgeschriebene Absetzpunkt versperrt sein, ist es dem Fahrer nach Rücksprache mit dem Fahrgast gestattet, den Absetzpunkt bis zu fünf Meter nach vorne beziehungsweise nach hinten zu verlegen.

Zufrieden lehnen Sie sich zurück, weil Sie glauben, mit dieser sehr genauen Anweisung alle Problemfälle beseitigt und geregelt zu haben. Doch was passiert, wenn am nächsten Morgen auf der von Ihnen vorgeschriebenen Strecke ein Stau ist? Oder wenn eine der Straßen, die das Taxi befahren sollte, komplett gesperrt ist? Ergänzen Sie die Vorschriften um weitere Ausnahmeregelungen? Oder berufen Sie eine Expertenkommission ein, die zunächst im Rahmen einer vorausschauenden Problemfeldanalyse sämtliche möglichen Vorkommnisse auf dem Weg von Ihrer Wohnung zum Bahnhof auflistet, einen Maßnahmenkatalog vorschlägt und schließlich ein zehnbändiges Regelwerk verfasst? Oder sagen Sie dem Fahrer »Bringen Sie mich bitte zum Bahnhof« und überlassen ihm den Rest? Wahrscheinlich bevorzugen Sie die letztere Variante. Doch Behörden, Verbände und Unternehmen entscheiden sich häufig für die erste.

Regeln – eine typische Denkbremse

In Workshops frage ich: »Warum sind Ihre Produktprospekte so unkreativ?« Die Antwort: »Weil unser Marketing Vorlagen hat. Und Vorschriften, was dort genau einzutragen ist.« Ich frage: »Warum machen Sie seit Jahren das Gleiche?« Die Antwort: »Weil für Innovationen eine andere Abteilung zuständig ist.« Oder ich frage: »Warum vereinfachen Sie den Prozess, der Sie täglich Zeit und Nerven kostet, nicht einfach?« Die Antwort: »Weil der Prozess im gesamten Unternehmen Standard ist und wir genaue Vorschriften haben.«

Je mehr Vorschriften erlassen werden, desto weniger Verantwortung übernimmt der Einzelne, desto mehr Zeit verbringt er damit, das Regelwerk zu studieren und desto mehr Handlungsalternativen verschwinden. Der Einzelne im System wird bequem, kann er doch das eigene Handeln unter Hinweis auf die Vorschriften jederzeit rechtfertigen. Vorgesetzte vergessen einen wichtigen Grundsatz: Wenn du Menschen wie kleine Äffchen dressierst, wirst du am Ende dressierte Affen bekommen.

Tipp: Entrümpeln Sie Ihr Umfeld von kreativitätslähmenden Vorschriften. Bringen Sie an den Aktenordnern ein Warnschild an: »Vorsicht! Bürokratischer Sondermüll! Kontakt wirkt lähmend!«

Ein System, das jahrelang auf Regeln gesetzt und so das Denken beschnitten hat, wird nicht über Nacht Mitarbeiter bekommen, die eigenverantwortlich arbeiten. Denn Dienst nach Vorschrift ist bequem: Wer jahrelang darin konditioniert wird, Regeln einzuhalten, akzeptiert diese Regeln und verschanzt sich hinter ihnen. Rechnen Sie in einem solchen Umfeld nicht damit, dass neue Ideen mit Begeisterung aufgenommen werden. Wenn Sie in einem strikt geregelten Umfeld neue Ideen entwickeln, verbreiten

Sie Unsicherheit: Das Bestehende ist sicher, selbst wenn es nicht perfekt ist. Sie greifen die an, die sich mit den Denkverboten gut eingerichtet haben. Sie werden die wütenden Reaktionen derer spüren, die alles genau so tun, wie es die Vorschriften verlangen, die nichts infrage stellen und die selbst die unsinnigste Vorschrift penibel einhalten. Deren Grundeinstellung lautet: »Wer sich nicht bewegt, bewegt sich wenigstens nicht in die falsche Richtung.«

Arbeiten Sie noch? Oder spielen Sie schon?

Beispiel Sie arbeiten für eine Baufirma und haben einen Mitarbeiter mit einem eigenartigen Hobby. Er konstruiert Städte der Zukunft, so wie Jaques Fresco, ein Visionär aus Florida, der Städte auf hoher See bauen will, in denen künftig Menschen leben, wohnen und arbeiten sollen. Dieser Mitarbeiter kommt eines Tages zu Ihnen und fragt Sie, ob er während der Arbeitszeit an seinen Ideen arbeiten und dabei die Werkstätten in der Firma nutzen könne. Sie denken: »Der will doch nur spielen ...« Und dann stellen Sie die klassische Managerfrage: »Was kommt dabei heraus?« Die Antwort: »Keine Ahnung. Ich habe einige interessante Materialkombinationen, an denen ich arbeite, aber ich weiß nicht, ob etwas dabei herauskommt.« Sie müssen entscheiden: Stellen Sie den Mitarbeiter von seinen Aufgaben frei? Erlauben Sie es ihm, einen bestimmten Teil seiner Arbeitszeit mit seinen Forschungen zu verbringen? Oder weisen Sie ihn in seine Schranken und erklären ihm, dass die Firma kein Spielplatz ist?

Hoch innovative Unternehmen wie Google oder 3M – die derzeit prominentesten Spieler auf dem Feld der Innovationen – haben regelfreie Zonen geschaffen, in denen Mitarbeiter an ihren Lieblingsprojekten »spielen« dürfen. Sie räumen ihnen genau die Freiheiten ein, die Thomas Edison und seine Mitarbeiter erfolgreich machten. Zwar wissen die Unternehmen nicht genau, was beim »Spielen« herauskommt, sie wissen jedoch, dass sie die Wahrscheinlichkeit und die Qualität von Ideen steigern können.

Werden Sie zum kreativen Räuberhauptmann

Thomas Alva Edison   Beispiel

Thomas Edison und seine Mitarbeiter waren eine verschworene Gemeinschaft. Er selbst sei der »Räuberhauptmann«, seine Mitarbeiter seine »Bande«, so stellte Edison sich und sein Team dem russisch-amerikanischen Chemiker Martin André Rosanoff 1903 vor. Seinen Chefkonstrukteur John Ott sprach Edison mit »Sancho Pancho« an. Mitternächtliche Gesangsübungen der »Bande« mit dem »Räuberhauptmann« an der Orgel sorgten für die notwendige Stimmung, wenn wieder einmal harte Nüsse zu knacken waren.

Mit Denkverweigerern umgab sich Edison nicht. Auch Sie sollten es nicht tun. Klassische Regelgläubige lassen Sie gegen Mauern laufen. Und das Schlimmste ist: Sie haben am Ende das Gefühl, mit Ihnen stimme etwas nicht, wenn Sie sich in einer solchen erstarrten Umgebung befinden. Wenn Sie kreativ sein wollen, bleiben Ihnen zwei Möglichkeiten:

1. Identifizieren Sie die Menschen in Ihrer Umgebung, die bereit sind, Bestehendes zu hinterfragen und sich für neue Lösungen einzusetzen.
2. Versuchen Sie, sich in Ihrem Umfeld Freiräume zu sichern, und entwickeln Sie wirksame Strategien gegen Bremser.

»Bremser« identifizieren

Wenn Sie ein Mitglied eines Rotary Clubs oder Lions Clubs identifizieren wollen, ist das ganz leicht: einfach auf die kleine Anstecknadel am Anzug achten. Die meisten Mitglieder dieser Netzwerke sind stolz darauf, drin zu sein, weshalb sie die Insignien ihrer Exklusivität gerne zur Schau stellen. Beim Club der Ideenverhinderer ist es genau umgekehrt: Es ist wesentlich schwerer, rauszukommen als drinzubleiben, und die wenigsten würden freiwillig zugeben, dass sie Mitglieder sind. Das Einzige, was Sie als kreativer Mensch mit neuen Ideen bemerken, ist, dass Sie gegen Mauern laufen. Ich möchte Ihnen deshalb einige typische Clubmitglieder und ihre Verhinderungstricks vorstellen, damit Sie sie im Alltag identifizieren können.

Wenn Sie neue Ideen suchen, fahnden Sie nach der berühmten Nadel im Heuhaufen: Sie brauchen Mut, Ausdauer und vor allem eine hohe Frustrationstoleranz. Denn selbst wenn die Nadel wirklich im Heuhaufen liegt, besteht die Gefahr, dass Sie sie übersehen. Der Erfolg der Suche lässt sich demnach nicht so einfach vorhersagen wie das Wetter. Entsprechend gehen Menschen mit der Aufgabe, eine Nadel im Heuhaufen zu finden, unterschiedlich um. Drei typische Varianten möchte ich Ihnen vorstellen.

Der Angsthase

Die größte Furcht hat der Angsthase davor, etwas falsch zu machen. Er würde niemals versuchen, den Heuhaufen einfach abzutragen. Angsthasen im Management engagieren zunächst eine namhafte Unternehmensberatung. Die Berater geben eine Studie in Auftrag, mit der herausgefunden werden soll, an welcher Stelle die Suche mit den größten Erfolgsaussichten begonnen werden kann. Das Ergebnis ist ein 205-seitiger Bericht, der empfiehlt, weltweit Unternehmen zu analysieren, die schon einmal in Heuhaufen nach Stecknadeln gesucht haben, um herauszufinden, welche Methoden zum Erfolg geführt haben. Der Angsthase freut sich, weil die Suche nach den besten international bewährten Standards durchgeführt wird. Am Ende wird die Nadel natürlich nicht gefunden, was aber zweitrangig ist: Niemand hat es etwas verkehrt gemacht, und alle sind glücklich.

Der Schwarzmaler

»Aussichtslos«, das ist seine erste Reaktion. Ab sofort steckt er seine gesamte Energie in die Suche nach Belegen, die eindeutig beweisen, dass er Recht hat. Detailliert rechnet er die Kosten der Suche vor. Er erstellt ein Worst-Case-Szenario, das zeigt, dass das Jahresendergebnis des Konzerns um 2,3 Millionen Euro geschmälert wird. Er befragt Börsenanalysten, die prognostizieren, dass die Anleger das Management für die Suche abstrafen werden und dass das Unternehmen durch den sinkenden Aktienkurs ein begehrtes Ziel für eine feindliche Übernahme sein wird. Der gesamte Vorstand wird vom neuen Eigentümer entlassen werden, bei der notwendigen Sanierung wird es zu Massenentlassungen und einer Produktionsverlagerung nach China kommen. Sie können sich ausrechnen, wie viel Lust das Management jetzt noch hat, den Heuhaufen durchsuchen zu lassen ...

Der Aussitzer

Er redet ausgiebig über die Bedeutung von Kreativität und Unternehmergeist in der Wirtschaft. Dabei sagt er gewichtige Sätze wie: »Die beständige Optimierung aller Geschäftsprozesse ist der wichtigste Wertschöpfungstreiber der kommenden Monate.« Er verbringt viel Zeit auf Kongressen und engagiert eine PR-Agentur, die seine wichtigen Worte in wichtige Presseorgane transportiert. Zwischenzeitlich passiert gar nichts: Die Nadel schlummert ungestört im Heuhaufen. Nur: Es merkt niemand. Alle verwechseln die heiße Luft mit frischem Wind.

Wie Sie Ideen gegen Excel-Fetischisten durchsetzen

Beispiel

Da gibt es diesen Kollegen aus der Verwaltung, der die letzten Jahre seines Berufslebens damit verbracht hat, Excel-Tabellen und Word-Vorlagen zur Organisation der Abläufe zu erarbeiten. Dieser Kollege zeichnet sich vor allem durch seinen Fleiß, seine Penibilität und seinen allumfassenden Ordnungssinn aus. Die Planungssysteme, die er entworfen hat, erfassen inzwischen selbst den kleinsten Luftzug im Unternehmen. Eigentlich klasse, dummerweise hat der Kollege vergessen, dass nicht alle Mitarbeiter im Unternehmen geborene Excel-Fetischisten sind und beim Ausfüllen vierseitiger Vorlagen einen Glücksrausch erleben.

Sie wagen sich mit einer Idee vor und schlagen Folgendes vor: »Lieber Kollege, wir haben zurzeit drei verschiedene Planungssysteme, die durch jeweils vier bis fünf Updates ergänzt werden. Informationen, die zusammengehören, müssen von unseren Mitarbeitern immer wieder in den verschiedenen Planungssystemen neu zusammengestellt werden. Dadurch haben wir hohe Zeitverluste. Ich schlage vor, ein zentrales Planungssystem zu schaffen, in dem sämtliche für den einzelnen Mitarbeiter relevanten Informationen sofort und auf einen Blick abrufbar sind.«

Ihr Kollege reagiert genau so, wie jemand reagiert, dem Sie gerade sagen, dass seine Arbeit der letzten Jahre mehr Probleme geschaffen als gelöst hat.

Ausgebremst – so erkennen Sie die Tricks der Denkfaulen

Erkennen Sie die typischen Strategien oder Tricks, mit denen eine kreativitätsfeindliche Umgebung das unangenehme Neue blockieren will? Lernen Sie, diesen Strategien kreativ zu begegnen.

Trick 1: Ablehnen des Problems

Wer den Status quo bewahren will, verfährt nach dem einfachen Prinzip: Wo ich kein Problem sehe, ist auch keines. Eine typische Antwort auf Ihren Vorschlag könnte beispielsweise lauten: »Die Planungssysteme funktionieren, und sie haben sich in der Vergangenheit bewährt. Sie bauen aufeinander auf.«

So können Sie reagieren: Bereiten Sie Ihre Argumentation sorgfältig vor. Arbeiten Sie mit anschaulichen Beispielen, und ergänzen Sie sie mit Zahlen, die den Verlust an Zeit, Geld und Effizienz genau belegen.

Argumentieren Sie zum Beispiel folgendermaßen: »Jeden Montag findet eine einstündige Sitzung statt, in der die Abteilungen Marketing, Vertrieb und Entwicklung über ihre Aktivitäten in der Woche sprechen. In dieser Sitzung gehen 50 Prozent der Zeit dadurch verloren, dass die drei Abteilungen Informationen über Routineereignisse austauschen, die dann vom Wochenplan des Vertriebs in den Wochenplan der Abteilungen Marketing und Entwicklung übertragen werden. An der Sitzung nehmen 10 Personen teil. Mit einem gemeinsamen Planungssystem könnte die Dauer der Sitzung auf 30 Minuten verkürzt werden.«

Ihr Vorteil: Sie legen eine Messgröße vor und bringen Ihr Gegenüber damit in Zugzwang. Der erste Trick des Blockierers hat versagt, er kann das Problem nicht mehr leugnen, ohne die von Ihnen vorgelegten Zahlen zu widerlegen.

Trick 2: Verzögern und Aussitzen

Es steht eins zu null für Sie. Sie haben den Kollegen mit Argumenten konfrontiert, denen er schwer etwas entgegensetzen kann. Doch die Schlacht ist noch nicht gewonnen. Manche Menschen arrangieren sich nur sehr ungern mit Veränderungen. Also versuchen sie, Neues möglichst lange hinauszuzögern, indem sie beispielsweise vor den Konsequenzen verfrühten Handelns warnen. Ein typischer Einwand wäre zum Beispiel: »Wenn es Probleme mit den Planungssystemen gibt, lassen sie sich nur im Rahmen einer Gesamtkonzeption lösen. Bis dahin warne ich vor den Konsequenzen: Verfrühtes Handeln könnte das Funktionieren des Gesamtsystems gefährden.«

So können Sie reagieren: Lassen Sie sich von solchen Einwänden nicht verunsichern und nicht von ihrem Weg abbringen. Bedanken Sie sich für die »wertvollen Anregungen« und fordern Sie Ihr Gegenüber auf, seine Vorstellungen und Bedenken zu konkretisieren. Wenn Sie der Vorgesetzte sind, fordern Sie ihn auf, ein schriftliches Konzept zu erarbeiten. Der Titel: »Integration eines zentralen Planungssystems in ein künftiges Gesamtkonzept«. Ähnlich verfahren Sie mit den Bedenken des Mitarbeiters: Lassen Sie sich die möglichen Probleme in schriftlicher Form geben, und fordern Sie den Mitarbeiter auf, Lösungsvorschläge dafür zu erarbeiten.

Ihr Vorteil: Der Mitarbeiter lernt, dass er bei Ihnen nur mit konstruktiven Vorschlägen weiterkommt, nicht mit oberflächlich begründeten Bedenken. Auch für den Kollegen hat diese Reaktion übrigens Vorteile: Er fühlt sich in seiner Angst vor Veränderung ernst genommen und bekommt das Gefühl, einen Teil zum Veränderungsprozess beitragen zu können. Als Vorgesetzter haben Sie so die Chance, aus einem Kritiker einen Verbündeten zu machen, der das neue Konzept in Zukunft zuverlässig mit umsetzt.

Trick 3: Verschieben der Verantwortung

Die Verantwortung von sich zu weisen und einen Schuldigen zu suchen, gehört zu den beliebtesten Tricks im Arbeitsleben. Es gibt dafür auch den Fachausdruck »Blamestorming«. Motto: Von den

Unzulänglichkeiten der eigenen Person ablenken und die Aufmerksamkeit in eine andere Richtung verschieben. »Die hohen Zeitverluste sind darin begründet, dass die Abteilungen unvorbereitet in die Sitzungen kommen und dass sich die Mitarbeiter die Informationen in den verschiedenen Planungssystemen nicht aneignen.«

Vor allem der letzte Teilsatz hat es in sich: Die Verantwortung wird nun nicht mehr auf eine bestimmte Person, sondern auf das Wesen des Menschen an sich geschoben. Ein Trick, der immer wieder funktioniert, obwohl er nicht besonders schwer zu durchschauen ist.

Das können Sie tun: Entlarven Sie den Taschenspielertrick! Vielleicht so: »Ah! Verantwortung auf andere zu verschieben ist eine Möglichkeit. Eine andere wäre es, das Planungssystem an die Bedürfnisse der Praxis anzupassen ...«

Fazit

- Ihr Umfeld ist für Ihre Kreativität ein entscheidender Faktor! Zu viele einschränkende Regeln und Bedenkenträger um Sie herum lähmen.
- Schaffen Sie sich Ihr eigenes kreatives Umfeld! Umgeben Sie sich mit Menschen, die kreativ sind.
- Neue Ideen werden immer auf Widerstände stoßen: Begegnen Sie Blockierern strategisch.

6.

Das Gesetz der kreativen Inseln: »Die besten Gedanken kommen in der Abgeschiedenheit«

Die Ziele dieses Kapitels

- Sie erfahren, warum die meisten Unternehmen kreativitätsfeindlich arbeiten.
- Sie entdecken, warum zu viele Informationen Ihre Kreativität blockieren.
- Sie lernen, wie Sie sich Kreativinseln schaffen können.

Sie arbeiten in einem großen Unternehmen. Immer überlastet, immer im Stress, so wie es sich gehört: Von 9 Uhr bis 9:30 Uhr hatten Sie ein erstes Meeting, in dem die Umsatzziele für das nächste Jahr festgelegt wurden, von 9:30 bis 10:30 Uhr einige Feuerlöscheinsätze bei Projekten, die in die falsche Richtung laufen, und zwischen 10:30 Uhr und 11 Uhr haben Sie schnell noch die 27 Mails beantwortet, die seit dem Morgen aufgelaufen sind. Ihr Kopf ist voll mit tausend Dingen, die Sie noch erledigen müssen. Auf dem Weg zum nächsten Termin noch schnell ein Anruf auf dem Handy, Sie stürmen in den Konferenzraum und verabschieden sich von Ihrem Gesprächspartner mit den obligatorischen Worten: »Lass uns nachher weiterreden, ich muss ins Meeting.« Und dann steht Ideenentwicklung auf dem Programm.

»Macht euch mal ganz frei im Kopf«, sagt der Kollege, der frisch vom Kreativseminar zurück ist.

»Mist«, denken Sie, » ich habe etwas Wichtiges vergessen!«

»Wir suchen heute nach neuen visionären Ideen für die Erweiterung unserer Produktpalette«, formuliert der Kollege lehrbuchgemäß: Am Anfang der Ideenfindung immer das Ziel formulieren.

»Müller wird mich killen«, ist Ihr Gedanke, »der Report sollte bis um 11 bei ihm sein.«

»Ab sofort bitte keine Handys mehr und keine Blackberrys«, legt der Kreativkollege die Regeln fest. »Und ab sofort bitte keine Kritik an Ideen, egal wie absurd und ungewöhnlich sie auch erscheinen mögen.«

»Mist! Mist! Mist!« Sie schwitzen, Ihre Gedanken sind bei den Zahlen und dem Report. »Ich komme sofort wieder«, entschuldigen Sie sich, rennen zum Computer, wo bereits drei Mails von Müller auf Sie warten.

Report abschicken, wieder hochhetzen, rein ins Brainstorming, verlegen entschuldigen. Jetzt bitte loslassen! Entwickeln Sie Visionen. Mit Leidenschaft. Und lösen Sie sich dabei von allem. Absurd, oder? Aber Realität in den meisten Unternehmen.

Das amerikanische Wirtschaftsmagazin *Fast Company* hat in einer Umfrage herausgefunden, dass der durchschnittliche Manager heute 163 Stunden im Jahr mehr arbeitet als noch vor 30 Jahren, durch 36 Telefonanrufe täglich unterbrochen wird und jeden Tag 52 E-Mails beantworten muss. Bei den Mitarbeitern ist es nicht viel besser. Der Arbeitsalltag wird zunehmend zersplittert, sie arbeiten schnell und reaktiv, das ständige Multitasking und die dauernde Erreichbarkeit sind die größten Feinde von kreativem Denken.

Edward de Bono, einer der führenden Experten für kreatives Denken, hat in der modernen Arbeitswelt eine – wie er es nennt – »heimtückische Krankheit« ausgemacht, die Unternehmen lähmt. Er nennt sie SKIDS: Sufficient Knowledge Ideas Deficit Syndrome. Frei übersetzt: Syndrom des Ideenmangels trotz ausreichenden Wissens. »Es gibt viele Informationen zu bewerten und zu analysieren. Aus diesen Analysen geht häufig die Notwendigkeit zu Veränderungen hervor. Und deshalb glauben viele, dass dies eine ausreichende Quelle für Innovationen darstellt.«

Angeln ohne Köder – Edisons ungewöhnliche Ruhepausen

Ich frage meine Seminarteilnehmer oft, wo Sie auf die besten Ideen kommen. Die wenigsten antworten: »In der Firma.« Stattdessen kommen Antworten wie: »im Urlaub«, »beim Joggen«, »im Auto«, »beim Bügeln« und so weiter. Bei Thomas Edison war es nicht anders. Die besten Ideen kamen ihm, wenn der Stress nachließ. Er schaffte sich konsequent kreative Inseln und zog sich zum Nachdenken zurück.

Beispiel | *Thomas Alva Edison*

Eine von Edisons kreativen Inseln war der Angelsteg vor seinem Haus in Fort Myers, Florida. Dort verbrachte er viel Zeit, um Distanz zu seiner Arbeit zu bekommen und über Ideen nachzudenken. Das Besondere: Er angelte ohne Köder! Hätte ein Fisch angebissen, hätte ihn das aus seiner Ruhe gerissen.

Wenn Sie versuchen, von einem Moment auf den anderen von Stress auf Ideenfindung umzuschalten, arbeiten Sie gegen Ihren eigenen Kopf. Ihr Gehirn braucht eine gewisse Zeit, um sich auf neue Situationen einzustellen. Sie können nicht binnen einer zehntel Sekunde von ernst auf lustig, von Streit auf Romantik oder von rastlos auf ruhig umschalten. Stimmungen wechseln langsamer, und das hat Auswirkungen auf Ihre Kreativität: Wenn Sie die Buchhaltung erledigen oder die Zahlen kontrollieren, können Sie nicht fünf Minuten später die wildesten Ideen für eine verrückte Marketingkampagne erwarten. Wenn Sie ein Projekt betreuen, bei dem nichts schiefgehen darf, können Sie nicht mit dem Finger schnippen und plötzlich in die höchsten Sphären kreativer Visionen abheben.

In der Firma sind Sie meistens auf zwei Dinge getrimmt: Effizienz und Effektivität, die beiden Schlagwörter des modernen Arbeitslebens. Bloß keine Fehler machen, alles richtig und möglichst schnell erledigen. Jetzt denken Sie einmal daran, wie Sie sich im Urlaub fühlen. Mindestens drei Faktoren können hier Ihre Kreativität fördern:

1. Sie sind in der richtigen Stimmung Ausgeschlafen, ohne Termine, keine dringenden Telefonate, nicht einmal E-Mails müssen Sie bearbeiten. Kein verbindliches Pensum. Angst vor Fehlern? Keine Spur! Sie haben sich verlaufen, macht nichts, Sie probieren einfach einen neuen Weg. Zeitdruck? Wobei denn? Auf der Strandliege? Das ist die Stimmung, um auf neue Gedanken zu kommen.

2. Sie sind weit genug weg Wenn Sie direkt vor einem Hindernis stehen, verzweifeln Sie oft. Sie erkennen ganz viele Details, die alle problematisch sind. Sie verrennen sich bei dem Versuch, das Problem zu lösen. Erst wenn Sie genügend Abstand haben, sehen Sie die vielen Wege links und rechts. Sie müssen sich das ein bisschen vorstellen wie im Stau auf einer Bundesstraße: Wenn Sie genervt auf Ihren Vordermann blicken, kommen Sie vielleicht auf Lösungen wie laut schimpfen, hupen oder ins Lenkrad beißen.

Wenn Sie aber eine Karte in die Hand nehmen und sich die ganze Situation einmal mit Abstand betrachten, sehen Sie die vielen alternativen Wege.

3. Ihr Gehirn langweilt sich Wir können nicht nicht denken. Ständig geht uns irgendetwas durch den Kopf, manchmal sind es nur Gedankenfetzen, manchmal sind es Bilder, die wir sehen, aber so wirklich nichts denken, das ist fast unmöglich. Unser Gehirn sucht sich eine andere Beschäftigung, spielt mit Gedanken herum und kommt dabei oft auf erstaunliche Lösungen.

Tipp: Planen Sie Ihre Woche so, dass Sie kreative Denkzeit am Stück gewinnen. Planen Sie sich »Horrortage«, an denen Sie zunächst alles das erledigen, was Sie hassen. Und zwar schnell und konsequent! Am Tag darauf schaffen Sie sich einen halben oder einen Tag Zeit zum kreativen Denken. Sie können ohne schlechtes Gewissen in diesen Tag starten, denn Sie haben die Horroraufgaben ja bereits alle erledigt. Belasten Sie Ihren Kreativtag nicht mit Alltäglichem! Schalten Sie Ihr Handy ab, seien Sie nicht erreichbar. Wenn Sie mit dem Computer arbeiten: Schließen Sie Ihr E-Mail-Programm!

Fazit

- Raus aus dem Hamsterrad! Dauerhaftes Multitasking ist Gift für Ihre Kreativität.
- Lassen Sie Ihr Unterbewusstsein für sich arbeiten! Manchmal kommen die Ideen dabei von ganz alleine!
- Haben Sie den Mut, sich auch mal zu langweilen! Angeln ohne Köder ist eine kreativ sinnvolle Tätigkeit!

7.

Das Gesetz der kreativen Leidenschaft: »Ich habe nicht einen Tag meines Lebens gearbeitet. Es war alles Spaß.«

Die Ziele dieses Kapitels

- Sie erfahren, warum eine Spaßkultur im Job für neue Ideen sorgt.
- Sie lernen Ihre kreativen Leidenschaften kennen.
- Sie finden Ihren Weg zu mehr Spaß im Job.

Wahrscheinlich haben Sie irgendwann schon einmal die *Feuerzangenbowle* gesehen. Mit Heinz Rühmann als Dr. Johannes Pfeiffer (»Pfeiffer mit drei f«) und dem berühmt gewordenen Filmzitat: »Mit der Schule ist das ist wie mit der Medizin. Sie muss bitter schmecken, sonst nützt sie nichts.« Eine ähnliche Philosophie gibt es in vielen Firmen: Arbeit muss nach Arbeit aussehen, sie muss anstrengend und ernst sein. Warum eigentlich? Wer sagt, dass Sie sich foltern müssen, um gute Ergebnisse zu erzielen? Die besten Ideen entstehen nicht, wenn fünf beschlipste oder anderweitig seriös tuende Menschen um einen Tisch herum sitzen und mit todernster Miene Daten analysieren.

Die besten Ideen entstehen, wenn Sie

Spaß an der Aufgabe haben. Wir reden schließlich nicht darüber, eine Strafarbeit zu absolvieren, sondern kreativ zu sein. Kreativ! Gehen Sie raus aus Ihrem Büroalltag, gewinnen Sie Abstand von starren Regeln und Vorschriften. Probieren Sie Dinge aus, die im ersten Moment vollkommen unsinnig erscheinen. Von denen Sie der Meinung sind, sie würden niemals funktionieren und niemals umsetzbar sein. Damit schaffen Sie die Voraussetzungen für Kreativität.

Beispiel *Thomas Alva Edison*

Während seiner Experimente mit Induktionsapparaten erlaubte Edison sich einen Scherz: Er schloss einen Induktionsapparat an die Armaturen des Waschbeckens einer Telegrafenstation an und beobachtete, wie die Mitarbeiter zusammenzuckten, wenn sie unerwartet einen elektrischen Schlag bekamen. Das brachte ihn schließlich auf die Idee, einen Elektroschocker zu konstruieren, der in der Medizin eingesetzt werden kann. Kurzerhand entwickelte er das »Inductorium«, das er zur »spezifischen Heilung für Rheuma« und – in Anspielung auf seinen Scherz aus der Telegrafenstation – als »unermüdliche Quelle für Spaß« anpries. Er brachte das Gerät im Mai 1873 auf den Markt und konnte innerhalb von zwei Monaten mehr als hundert davon verkaufen.

»Nur weil eine Sache nicht das tut, was Sie von ihr wollen,
ist sie nicht nutzlos.«

Spaß zu haben heißt übrigens nicht etwa, sich nicht anzustrengen. »Ein Prozent Inspiration, 99 Prozent Transpiration«, diese Formel möchte ich Ihnen an dieser Stelle noch einmal in Erinnerung rufen. Kreativ zu sein, auf neue Ideen zu kommen und sie zu erfolgreichen Innovationen weiterzuentwickeln, ist richtig anstrengend. Sie brauchen Mut, um sich gegen Widerstände durchzusetzen, einen unerschütterlichen Glauben (den Sie selbst dann nicht verlieren dürfen, wenn andere sagen, die Idee würde nicht funktionieren), einen Dickkopf und viel Humor, wenn die Sache nicht funktioniert und Sie sich zum Gespött machen. Da fragen Sie sich zu Recht: »Warum sollte ich mir diese Selbstfolter antun«? Meine Gegenfrage lautet: Wie viele Menschen kennen Sie, die von sich selbst sagen: »Ich habe nicht eine Sekunde meines Lebens gearbeitet. Es war alles Spaß.«? Thomas Edison konnte es. Seine größte Antriebskraft war Spaß, die Leidenschaft für seine Arbeit.

Thomas Alva Edison Beispiel

Edison verabscheute alles, was nach harter Arbeit roch und war doch einer der härtesten Arbeiter der Menschheitsgeschichte: Die 72-Stunden-Schicht, in der er ohne Unterbrechung an seinem Phonographen arbeitete, ist legendär geworden. Er arbeitete so viel, dass er zeitweilig einen Weckburschen beschäftigte, der nur eine einzige Aufgabe hatte: ihn zu wecken, wenn er wieder einmal eingeschlafen war. Er konnte deshalb so lange arbeiten, weil er alles das, wozu er Lust hatte, nicht als Arbeit empfand. Arbeit war für ihn nur das, wozu er keine Lust hatte.

Kreativität macht Spaß – Spaß macht kreativ

»Pah! Der Edison konnte sich das eben leisten!«, mögen jetzt Sie denken. Vielleicht gehören Sie zu den 69 Prozent aller Arbeitnehmer in Deutschland, die nach einer Umfrage des Meinungsforschungsinstitutes Gallup lediglich Dienst nach Vorschrift machen. Das Gallup-Institut misst seit 2001 mit dem sogenannten »Engagement Index« die emotionale Bindung von Mitarbeitern an ihr Unternehmen. Mit erschreckendem Ergebnis: Die Anzahl der Mitarbeiter, die nur eine geringe oder gar keine emotionale Bindung zu ihrem Job haben, liegt seit der ersten Umfrage stets deutlich über 80 Prozent. Unter diesen Voraussetzungen können freilich kaum Ideen entstehen, die mit Leidenschaft verfolgt werden. Ich sage bewusst: Ideen, die »mit Leidenschaft« verfolgt werden. Ideen, die so lange durch Arbeitskreise und Hierarchieebenen gereicht werden, bis sie hundertprozentig tot sind, gibt es genug.

»Ja, das kenne ich. So läuft es bei uns auch.« Muss es aber nicht. Lassen Sie die anderen sich doch in ihren Arbeitskreisen und Meetings langweilen. Wenn Sie sich entschließen, an Ihrer Arbeit wieder Spaß zu haben, können Sie es schaffen. Vielleicht nicht dort, wo Sie jetzt sind. Ich möchte Ihnen dazu meine persönliche Rechnung vorstellen, die ich vor ein paar Jahren gemacht habe und die mich dazu veranlasst hat, den Job zu wechseln. Normalerweise heißt es ja, dass man (vorausgesetzt man hat eine geregelte 40-Stunden-Woche) 8 Stunden am Tag in der Firma sei und da eben durchmüsse. Auch acht Stunden täglich sind wertvolle Lebenszeit, und obendrein ist es eine Milchmädchenrechnung. Ihr Kopf ist viel länger in der Firma! Ich will Ihnen das einmal vorrechnen. Beides habe ich erlebt und mich radikal entschlossen, künftig den rechten Weg zu gehen.

Zeit	Frust-Alltag	Spaß-Alltag
06:30	Wecker klingelt, habe blödes Gefühl.	Wecker klingelt, starte mit Vorfreude auf die Arbeit.
8:00	Fahrt zur Arbeit, Bauchdrücken, Angst vor Versagen.	Fahrt zur Arbeit, habe gute Laune, pfeifend im Auto.
8:30	Augen zu und durch …	Motiviert, gute Laune!
12:30	Nichts wie raus! Nehme Probleme mit in die Mittagspause.	Arbeite durch, merke es aber gar nicht.
13:30	Mittagsmüdigkeit. Gähn!	Projekt macht Spaß. Adrenalin!
17:30	Raus! Raus! Raus! Habe Kopfschmerzen, denke über Mistjob nach.	Stecke noch drin im Projekt, hänge fest, knoble, wie es weitergeht.

18:00	Bin zu Hause, mach ein Bier in der Küche auf, rede mir den Frust von der Seele.	Durchbruch! Lösung ist gefunden! Endorphin-Schwemme im Hirn: Euphorie!
19:00	Lasse den Ärger im Job langsam hinter mir.	Komme in Hochstimmung zu Hause an, freue mich auf morgen.
20:00	Verdränge Gedanken an den Job.	Habe neue Ideen, schreibe sie auf.
23:00	Gehe ins Bett, zähle die Tage bis zum Wochenende	Gehe ins Bett, freue mich auf morgen.

Eine Aussage wie »Du bist im Job gefrustet? Halt durch, sind ja nur acht Stunden am Tag« stimmt nicht. Wenn Sie nicht gerade über die beneidenswerte Eigenschaft verfügen, Ihre Stimmung auf Knopfdruck von frustriert auf fröhlich zu ändern, schleppen Sie den Frust von morgens bis abends mit sich herum. Sie sind ein anderer Mensch. Wenn Sie keinen Spaß an Ihrer Arbeit haben, ist die Wahrscheinlichkeit, dass Sie neue Ideen entwickeln, wesentlich geringer. Und die Wahrscheinlichkeit, dass Sie für Ihre Idee kämpfen und sie auch gegen Widerstände durchbringen wollen, tendiert gegen null. Ich möchte Sie deshalb zum Spaß-TÜV schicken.

Test: Mit wie viel Leidenschaft arbeiten Sie?

Erstellen Sie eine Liste mit allen Aufgaben, die Sie haben und bewerten Sie den Spaß-Faktor. Wichtig: Es geht dabei um die Aufgaben. Manchmal machen Ihnen die Aufgaben zwar Spaß, aber der dauernörgelnde Chef kostet Sie die letzten Nerven. Unterscheiden Sie das – jetzt geht es nur um die Aufgaben selbst. Erledigen Sie die Aufgaben, für die Sie kreative Leidenschaft empfinden? Machen Sie den Test und sehen Sie, wo Sie stehen.

	Nie-mals	Kaum	Weiß nicht	Manch-mal	Sehr oft
	−2	−1	0	+1	+2
Ich bin so in meine Aufgaben vertieft, dass ich nicht spüre, wie die Zeit vergeht.					
Nach Feierabend kommt mein Kopf nicht zur Ruhe. Es macht mir einfach Spaß, an meinen Job zu denken.					
Am Sonntagabend freue ich mich auf die kommende Woche.					
Nach zehn Stunden Arbeit an meinen Aufgaben bin ich immer noch frisch und ausgeruht.					
Meine Arbeit gibt mir einen »Kick«.					

Auswertung

−10 bis −6 Punkte Die beste Garantie gegen neue Ideen ist, sich zur Arbeit quälen zu müssen. Das scheint bei Ihnen der Fall zu sein: Der Aufgabenbereich, den Sie jetzt gerade haben, ist Gift für Ihre Kreativität. Überprüfen Sie, was Sie an Ihren Aufgaben oder an Ihrem Umfeld ändern können.

−4 bis 0 Punkte Nicht wirklich gut, nicht wirklich schlecht. Aber immerhin: Es gibt einige wenige Momente, in denen Ihr kreativer Geist erwachen kann. Welche Momente sind das? Auf welche Aufgaben haben Sie richtig Lust? Identifizieren Sie diese Aufgaben, versuchen Sie, mehr von diesen Aufgaben zu erledigen und die anderen loszuwerden. Und vor allem: Beginnen Sie hier, neue Ideen zu entwickeln! Sie werden schnell merken, dass es Ihnen gar nicht so schwerfällt.

1 bis 5 Punkte Sie sind auf dem richtigen Weg. Es scheint immer noch viele Hindernisse zu geben, aber insgesamt ist die Tendenz positiv. Ich denke, dass Sie die Aufgaben, die Ihnen wirklich Spaß machen, gut kennen. Planen Sie Ihren Tag so, dass Sie an diesen Aufgaben häufiger und länger arbeiten. Finden Sie Wege, die anderen Dinge schnell vom Tisch zu bekommen. Und beginnen Sie, den Spaß, den Sie gelegentlich empfinden, auch zu genießen. Niemand sagt, dass Arbeit wehtun muss!

6 bis 10 Punkte Sie haben das Feld Ihrer kreativen Leidenschaft gefunden. Glückwunsch! Das ist nicht selbstverständlich. Damit haben Sie beste Voraussetzungen, um Ihren kreativen Motor zu starten. Achten Sie unbedingt darauf, dass Sie diesen Aufgaben in Ihrer täglichen Arbeit genug Raum einräumen. Und achten Sie darauf, dass Projekte, die Sie beispielsweise von Ihrem Chef bekommen, in das Feld Ihrer kreativen Leidenschaft fallen. Dann können Sie problemlos neue Ideen entwickeln und sie mit Schwung umsetzen.

Sind Sie vielleicht ein Rocker?
Finden Sie Ihre kreativen Leidenschaften

Es ist eine große Fehlannahme, dass die einen immer kreativ und die anderen immer unkreativ sind. Was wäre wohl aus Falco geworden, wenn er bei der österreichischen Pensionsversicherungsanstalt für Angestellte geblieben wäre, wo er eine Lehre zum Bürokaufmann machte? Wäre er genauso kreativ geworden wie als

Sänger? Zweifelhaft. Als Rockmusiker fand er sein Feld. Und Sie? Haben Sie Ihr Feld gefunden? Wenn nein: Wo liegt es? Und wenn ja: Nutzen Sie es optimal? Finden Sie es heraus!

1. Bestandsaufnahme

Notieren Sie alle Aufgaben, die Sie im Laufe eines Tages, einer Woche oder eines Monats erledigen. Entscheiden Sie dabei selbst, wie detailliert Sie sein wollen: Sie können jeden Brief, den Sie schreiben, einzeln aufführen oder aber generell »Schreibarbeiten« notieren. Wichtig ist, dass Sie am Ende einen Eindruck davon bekommen, wo Ihre Leidenschaft am größten ist.

Aufgabe	Spaßfaktor			
	Riesig, irre!	Vorhanden	Eher weniger	Gar nicht

Bewerten Sie jetzt, wie viel Spaß Ihnen jede Aufgabe macht beziehungsweise gemacht hat. Und? Ist das Feld Ihrer kreativen Leidenschaft schon dabei? Machen Sie das, was Sie am liebsten mögen? Wenn nicht, gehen Sie in Ihrer Vergangenheit auf die Suche.

2. Rückblick

Gehen Sie in Gedanken in Ihrem Berufsleben, aber auch in Ihrem Privatleben zurück. Hatten Sie schon einmal Aufgaben, bei denen Sie sich ganz in Ihrem Element fühlten, die Ihnen richtig viel Spaß gemacht haben? Hatten Sie in Ihrem Leben vielleicht schon einmal eine kreative Phase, in der Sie ständig neue Ideen hatten? Dann finden Sie heraus, was das damals war. Nehmen Sie sich einige Minuten Zeit und überlegen Sie:

Was waren Aufgaben in Ihrer Vergangenheit, die Ihnen richtig Spaß gemacht haben?

_____

_____

Gab es eine Zeit in Ihrem Leben, in der Sie richtig kreativ waren? Was war das für eine Zeit und was waren das für Aufgaben?

_____

_____

Warum haben Ihnen die Aufgaben Spaß gemacht? Warum waren Sie damals kreativ?

_____

_____

3. Gedankenexperiment

Nehmen wir an, Sie knacken morgen den Lotto-Jackpot. Auf Ihrem Konto sind plötzlich knapp 40 Millionen Euro. Sie kündigen Ihren Job, kaufen sich ein großes Haus und reisen ein Jahr lang um die Welt. Dann wird es Ihnen langsam langweilig, und Sie suchen nach einer neuen Herausforderung. Irgendwas. Nur so zum Spaß. Auch ohne Geld. Welchen Job würden Sie machen? Womit würden Sie sich beschäftigen? Welche Aufgaben würden Sie übernehmen?

_____

_____

4. Auswertung

Suchen Sie jetzt nach Gemeinsamkeiten. Welche Aufgaben machen Ihnen heute Spaß? Welche Aufgaben haben Ihnen früher Spaß gemacht? Und welchen Job würden Sie unentgeltlich machen? Wenn Sie eine Deckungsgleichheit feststellen, arbeiten Sie an den richtigen Aufgaben. Vielleicht stellen Sie auch ein krasses Missverhältnis fest: Die Aufgaben, die Sie gerade erledigen, erfüllen Sie nicht wirklich mit Leidenschaft. Oder nur ein Teil der Aufgaben erfüllt Sie mit Leidenschaft. Ähnlich wie beim Tagesablauf, den Sie vorhin kennen gelernt haben, ist es auch hier pure Mathematik: Wie lange und wie oft erledigen Sie Aufgaben, die Ihnen Spaß machen? Einmal pro Woche eine Stunde? Oder täglich drei Stunden? Das macht einen riesigen Unterschied!

5. Spaß in den Alltag integrieren

Ich gehe jetzt mal davon aus, dass nicht alles an Ihrem Job so schlecht ist, dass Sie gleich kündigen wollen. (Ansonsten würde es den Rahmen dieses Buchs sprengen.) Es gibt viele Möglichkeiten, Ihren jetzigen Aufgabenbereich so zu gestalten, dass Sie mehr Spaß bei der Arbeit haben.

Ändern Sie Ihre Zeitplanung Planen Sie für Aufgaben mit hohem Spaßfaktor mehr Zeit ein. Aufgaben ohne Spaßfaktor erledigen Sie so schnell wie nur irgend möglich.

Suchen Sie sich Aufgaben mit hohem Spaßfaktor Nebenbei fördert das auch Ihr Image als mitdenkender Mitarbeiter. (Achten Sie aber darauf, dass diese Aufgaben für Ihr Unternehmen auch nützlich sind.)

Belohnen Sie sich mit Aufgaben, die Ihnen Spaß machen Das müssen Sie sich vorstellen wie einen Nachtisch. Erst die Frustaufgaben erledigen und dann naschen. (Beschränken Sie sich dabei aber auf kleine Aufgaben, siehe Tipp unten.)

Richten Sie einen Spaßtag ein Die Aufgaben, die Sie wirklich mögen, legen Sie auf einen Tag und planen viel Zeit ein. Mehr als Sie eigentlich benötigen. Schließlich wollen Sie den Spaß ja richtig auskosten. Sie beginnen die Aufgabe, stürzen sich voll rein, suchen sich ein paar Kollegen, mit denen Sie eine Stunde neue Ideen aussinnen, und sorgen dafür, dass nichts Ihre kreative Laune stört. Lässt Ihr Chef das einfach so zu? Warum nicht? Die größte Angst der meisten Chefs ist, dass Mitarbeiter Zeit vertrödeln. In erster Linie müssen Sie Ihrem Chef klarmachen, dass er davon profitiert, wenn Sie hoch motiviert neue Ideen verfolgen.

Tipp: Legen Sie Kontrollaufgaben und Entwicklungsaufgaben möglichst weit auseinander. Wenn Sie erst einmal einen halben Tag Budgetbesprechung hinter sich haben, ist es schwer, auf kreative Ideenfindung umzuschalten. Betrachten Sie solche Tage einfach als Ihre Horrortage, beißen Sie die Zähne zusammen, und planen Sie direkt danach einen Spaßtag.

Fazit

- Spaß und Leidenschaft für eine Sache sind die wichtigsten Triebfedern für Kreativität.
- Sie sind nicht in allen Bereichen gleich kreativ. Finden Sie das Feld Ihrer kreativen Leidenschaft!
- Rufen Sie sich jeden Tag Edisons Zitat in Erinnerung: »Ich habe nicht eine Sekunde meines Lebens gearbeitet. Es war alles Spaß!«

Schlusswort: Bleiben Sie kreativ!

Ich hoffe, dass Ihnen das Edison-Prinzip viele neue Anregungen und Impulse für Ihren Alltag gegeben hat. Edisons sechs Schritte, mit denen ich in meinen Seminaren arbeite, haben sich immer wieder als ein zuverlässiger und genial einfacher Weg zu neuen Ideen erwiesen. Bei den wachsenden Anforderungen, die heute an die kreativen Fähigkeiten der Mitarbeiter gestellt werden, sind auch Edisons sieben Gesetze für mehr Kreativität aktueller denn je. Mit seinen Denk- und Arbeitsprinzipien hat Thomas Edison das Erfinden neu erfunden. Da passt es doch ausgezeichnet, dass seine wichtigste Erfindung, die Glühbirne, zum Symbol für Innovation geworden ist.

Edison war nicht der einzige geniale Erfinder seiner Zeit. Und er hat eklatante Fehler gemacht. Im erbittert geführten Stromkrieg zwischen ihm und seinem großen Konkurrenten Nikola Tesla unterlag Edison, der sich vehement gegen die Einführung der Wechselstromtechnologie gewehrt hatte. Doch er hatte die Größe, seine Fehler einzugestehen. Er war ein Beteiligter in einem Wettlauf um die besten Ideen und die besten Technologien. Und er hat diesen Wettlauf oft mit großem Vorsprung gewonnen! Gerade das macht ihn heute für uns so interessant. Die Zeit, in der er lebte, ist mit unserer heutigen Zeit sehr gut vergleichbar: Ende des 19. Jahrhunderts war eine technische Revolution im Gange, Unternehmen waren gezwungen, sich schnell zu wandeln, scheinbar bewährte Wahrheiten galten plötzlich nicht mehr und

Ideen waren wertvolle Optionen für die Zukunft. Einen ähnlichen Wandel erleben wir heute. Thomas Edison hat ihn bereits erlebt.

Edison war ein genialer Kreativer, ein hartnäckiger Entwickler mit Mut und Beharrlichkeit, ein Verfechter von Arbeitsstrukturen, die Kreativität ermöglichten, ein kluger Marketingstratege und ein erfolgsorientierter Geschäftsmann in einer Person. Er verstand es, seine Kreativität zu strukturieren, zu lenken und zu leiten, Ideenfindung und strategisches Denken miteinander zu verknüpfen. Mit dieser Mischung aus Kreativität, Mut, Selbstmarketing, strukturellem und kommerziellem Denken wurde er erfolgreich und zu einer Legende weit über seinen Tod hinaus.

Ich hoffe, dass ich Sie mit diesem Buch motivieren konnte, bekannte Denkmuster zu überprüfen, den Mut zu haben, Neues zu probieren und auch an ungewöhnliche Ideen zu glauben. Das Edison-Prinzip wird Sie davor bewahren, die gleichen Fehler zu begehen, die Erfinder gemacht haben, die viel Arbeit in ihre Ideen investiert haben und trotzdem verarmt gestorben sind. Ich wünsche Ihnen zahlreiche ausgezeichnete Ideen, viele neue Denkansätze und vor allem viel Spaß bei der Anwendung des Edison-Prinzips!

Literatur

Amabile, Teresa M.: »Creativity and Innovation in Organizations.« In: *Harvard Business School Papers*, 9–396–239 (5.1.1996).
Brühl, Kirsten; Keicher, Imke: *Creative Work. Business der Zukunft.* Hrsg. vom Zukunftsinstitut, Kelkheim 2007.
Israel, Paul: *Edison. A Life of Invention.* New York 1998.
Johansson, Frans: *The Medici Effect. What You Can Learn from Elephants and Epidemics.* New York 2006.
Koelling, Martin: »Unmöglich ist nur ein Mangel an Fantasie«. Interview mit K. Kurokawa. In: *Technology Review* (10.07.2007). URL: http://tinyurl.com/29tzbq [Stand: 28.03.2008].
Mayer, Marissa Ann: »Turning Limitations into Innovation«. In: *Business Week* (1.2.2006).
Michalko, Michael: *Erfolgsgeheimnis Kreativität. Was wir von Michelangelo, Einstein & Co lernen können.* Landsberg am Lech 2001.
Peters, Thomas J.; Waterman, Robert H.: *Auf der Suche nach Spitzenleistungen. Was man von den bestgeführten US-Unternehmen lernen kann.* 5. Aufl., Landsberg am Lech 1984.
Seiwert, Martin, u. a.: »Schöpferische Kräfte neu entdecken«. In: *WirtschaftsWoche* 40/2006.
Vaske, Hermann: »Die Invasion der Ideen.« Dokumentarfilm, Deutschland 2005.
Vise, David A.; Malseed, Mark: *Die Google-Story.* Hamburg 2006.
Vögtle, Fritz: *Thomas Alva Edison. In Selbstzeugnissen und Bilddokumenten.* 5. Auflage, Reinbek bei Hamburg 2004.
N. N.: »Get Creative! How to build innovative companies.« In: *Business Week Special Report* (1. August 2005).

Internetquellen

http://www.imgriff.com (deutsches Blog zum Thema Produktivität, Gegenstück zu lifehack.org)

http://www.lifehack.org (populäres amerikanisches Blog zu Arbeitstechniken und Produktivität)

http://www.thinkingmanagers.com (Internetportal mit aktuellen Artikeln von Edward de Bono)

Register

Ablehnung 121
Abstraktionsvermögen 19
Alternativkonzepte 110
Angstfalle 100
»Angsthasen-Chef« 125 f.
Arbeitskultur 22
Assoziation(en) 64–69, 105
Assoziative Fragen 63, 66–69, 78, 91, 93
Aussitzer 179

Barrieren, assoziative 159
Bedenkenträger 108, 129 f., 183
Begeisterung 41, 117, 119 f., 154, 175
Beobachtungen 30, 43, 86
Bequemlichkeitsfalle 73
Blamestorming 182
Blockierer 181, 183
Bulldozer-Strategie 129 f.

Chancenblicke 43, 45
Corporate Creativity 15

Dauernörgler 141
Denkansätze 16, 30, 201
»Denkautobahn« 12, 21, 30, 33, 35, 42, 61–63, 67, 70, 73
Denkblockaden 73

Denkbremse 175
Denken
–, altes 15, 18
–, assoziatives 19, 69
–, kaleidoskopisches 30, 37, 89, 97
–, kreatives 12, 18, 96, 135, 185 f., 188
–, neues 15 f., 75
–, positives 141
–, strategisches 201
–, zielgerichtetes 20
Denkfehler 123
Denkhilfe 11
Denkmuster 23, 201
Denkprozess 28, 159
Denkschablonen 13 f.
D.N.E. (Dritter naheliegender Einfall) 109
Druck 31, 83 f., 109 f., 126 f., 145–147, 149, 161
–, kreativer 145–147

E.N.E. (Erster naheliegender Einfall) 108 f.
E.N.E.-Falle 115
Edison, Thomas Alva 9–11, 16, 18, 20–23, 27–37, 39–46, 53 f., 64 f., 70, 75, 83, 88–91, 94, 97, 102,

110, 113, 118, 122f., 131, 133, 137–139, 146, 149f., 152f., 157, 159, 161, 164, 166–169, 176f., 186, 190f., 199–201
»Edison-Blick« 30f.
Edison-Prinzip 9–11, 21–23, 25, 27, 29, 42, 53, 200f.
Eigensaftfalle 87
Engagement Index 191
Entscheidungsfragen 107
Entscheidungsstufe(n) 127f.
Entwicklungsaufgaben 199
Erfolgschancen 12, 21, 30–32, 42f., 56f.
Erfolgsdruck 146
Erfolgsfalle 100
Erfolgsgeheimnis 22, 45
Experiment(e) 35, 37, 75, 83, 159, 167f., 190
Experimentierfreudigkeit 99

Fachwissen 18f.
Fähigkeiten 47
–, kreative 18–21, 153, 200
Fehler 22, 30, 38, 59, 73, 87, 99f., 115, 119, 125, 165, 169, 171f., 187, 200f.
Fehlertoleranz 97
Ferndiagnose 92, 109, 112, 121, 124
Fortschritt 53, 135, 137
Frust-Alltag 192
Frustration 143f.
Frustrationstoleranz 178

Gedankenexperiment 197
Gehirn 19, 44f., 64–66, 75, 83, 89f., 131, 147–150, 157, 159, 186, 188

Geistesblitz(e) 9, 12, 27–29, 38, 88, 145, 147, 152, 170
–, geplante(r) 27, 29
Gesetze der Kreativität 133
Gesunder Menschenverstand 18
Gewohnheitsfalle 115
Goebel, Heinrich 38f., 113f.
Goebel-Dilemma 38
Goebel-Glühbirne 39, 53
Gold-Test 104, 130
Google 58, 76f., 136f., 165, 169, 176

»Hatten wir schon«-Falle 114f.
Hijacker 125f.
Hindernis(se) 125, 127, 129–131, 154, 162, 174, 187, 195

»Ich weiß es besser«-Falle 73
Ideenentwicklung 99, 128, 138, 185
Ideenfabrik 10, 22
Ideenfindung 9, 12, 37, 47, 58, 86, 89, 97, 101, 115, 119, 122, 185f., 199, 201
Ideenfindungs-Workshops, interne 11, 49
Ideenmarketing 119
Ideenquote 22, 84, 146, 149f.
Ideenstau 61
Ideenverkäufer 117
Innovationen 54f., 71, 81, 93, 111, 123, 127, 154, 175f., 186, 190, 200
Innovationsabteilungen 38
Innovationsmanagement 59, 128
Innovationsphobien 104
Innovationsprozess(e) 127, 155f.
–, kontinuierlicher 155

Inspiration(en) 9, 12, 14, 21, 30, 35–37, 42, 74f., 77–80, 82, 84–88, 91–94, 97, 161f., 190
Inspirationsquellen 49, 77, 81, 86
Inspirationsvakuum 85
Inspirator 125
Inszenierung 40f., 118
»Ist nicht neu«-Falle 60

»Kennen wir schon«-Falle 60, 65
Komafalle 100
Kommunikation 66f., 79, 127, 169
Komplexität 45, 48, 130
Kontrollaufgaben 199
Konzeptskizzen 31, 103
Kosten-Nutzen-Verhältnis 128
Kreativblockade 69, 145
Kreislauf 167
–, des Scheiterns 167
–, kreativer 138
Kreatives Chaos 30
Kreatives Gewitter 36, 88, 151
Kreativinseln 184, 186
Kreativitätstechniken 64
Kreativstau 62
Kreativtechnik(en) 9, 22, 69, 88

Leidenschaft(en) 31, 120, 185, 189, 191–193, 195f., 198f.
–, kreative 31, 189, 195f., 199

Mehrfachnutzen 124
Mentale Schublade(n) 90f., 143, 159
Mentales Kaleidoskop 89f., 97, 103
Morphologische Matrix 95, 97
Motivation 14, 18–20

Neidhammel-Kollege 125

Neuland, kreatives 74
Nörgler 56, 140f.
–, destruktive 140
–, konstruktive 140
Nutzen 12, 21, 31f., 40–42, 46, 117, 119, 124f., 130, 132
–, maximaler 124, 130
Nutzenmerkmale 94f.

Optimierung 56, 115, 179
–, von Ideen 115
Optimierungsphase 110

Persönlichkeit(en) 16
Perspektivwechsel 61, 71f.
Pessimismusfalle 73
Phantominnovation(en) 154–156
PR-Agentur/-Kampagne 40, 179
Problem(e) 19, 21f., 30, 33–36, 44–53, 58–60, 62, 71f., 78, 90–92, 94, 97, 109, 112, 122f., 128, 131, 139, 147–149, 155f., 159, 174, 180–182, 187, 192
–, sichtbare 47, 52
–, unsichtbare 47, 50, 52
–, versteckte 49
Problemanalyse 65, 69f., 174
Problemblick 47f., 52f., 59
Problemlösung(en) 32, 40, 47, 52, 128
Problemtagebuch 48
Projektnavigator 92, 109

Recherchekreativität 82
Regel(n) 30, 107, 119, 155, 173–175, 183, 185, 190
Revolution 14f., 76, 105, 165, 200
Risiko 66, 121, 125, 127–129, 154
Risikobewertung 127

Ruhepausen 186
Rundumblick 63

Sackgasse 49, 62, 107
Scheitern 94, 130, 161, 166f.
–, kreatives 165f.
Scheuklappen 44, 103
Schlüsselfragen 48–50, 53, 71
Schwäche(n) 32, 41f., 44f., 54–56, 60, 136
Schwächenblick 51, 53–56
Schwarzmaler 179
Selbstvertrauen 140
Sicherheitsdenken 122
Skepsis 157f.
Spam-Filter 44f.
Spannung 12, 21, 30, 34, 36f., 42, 88
Spaß 23, 37, 55, 71, 85, 96, 99, 142f., 189–199, 201
Spaß-Alltag 192
Spaßkultur 189
Stillstand 60, 138, 141, 143f.
–, kreativer 60
Stimmung(en) 177, 187, 193
Stimmungsbild 106

Trendblick 56f., 59
Trendstudien 57
Tunnelblick 63

Umfeld 22f., 27, 31, 40, 56, 87, 97, 110, 112–116, 124, 130, 140, 143f., 150, 152f., 155, 162, 170, 171, 173, 177, 183, 194
–, kreatives 152, 173, 175, 183
Umwege 30, 61–63, 65, 69f., 73
–, kreative 33

Unmöglich!-Liste 97, 99f.
Unterbewusstsein 65, 148f., 188
Unzufriedenheit 60, 135, 137–144
–, destruktive 140f., 144
–, kreative 135, 137f., 141

Veränderungsprozess 182
Verantwortung 66, 175, 182f.
Vergleichbarkeitsfalle 87
Vertrauen 151, 153
Vision(en) 40, 50, 131, 152, 154f., 162, 164, 185, 187
–, kreative 40, 154
Visionäre Kraft 164
Vorschriften 74, 174–176, 190
Vorstellungskraft 154, 157, 162, 164

Widerstand/Widerstände 120f., 154, 183, 190, 193

Zeitdruck 187
Zeitplan 126
Zeitplanung 198
Ziele, 145, 149f., 152f.
–, kreative 145, 153
–, qualitative 150
–, quantitative 149
Ziellosigkeitsfalle 87
Z.N.E. (Zweiter naheliegender Einfall) 109
Zufall 10, 29, 42, 69, 83, 126, 146
Zufallserfolg 31
Zufallsidee 145
Zufriedenheit 135, 138
Zufriedenheitsfalle 60, 136, 143
Zusatznutzen 94

Marco von Münchhausen
Die sieben Lügenmärchen von der Arbeit
... und was Sie im Job wirklich erfolgreich macht

2010. 220 Seiten, gebunden
ISBN 978-3-593-38787-1

Endlich: Lügenmärchen entlarvt!

»Wenn mein Chef mich mehr loben würden, wäre ich zufriedener.« – »Je mehr ich verdiene, desto glücklicher bin ich.« – »Je leichter mein Job, desto besser das Leben.« Wir alle sind überzeugt von solchen Aussagen – aber stimmen sie tatsächlich? Eben nicht! Viele der vermeintlichen Job-Wahrheiten sind genau betrachtet Lügenmärchen, die nicht nur unseren beruflichen Erfolg, sondern auch unsere Lebensfreude bremsen. Deshalb wird es Zeit, diese Lügenmärchen als solche zu entlarven! Marco von Münchhausen, Nachfahre des berühmten Lügenbarons, zeigt, welch falsche Vorstellungen in den Köpfen der Menschen verankert sind und wie sehr diese Mythen blockieren. Sein neues Buch räumt mit den häufigsten Lügenmärchen rund um die Arbeitswelt auf und verrät, was im Job wirklich erfolgreich macht.

Mehr Informationen unter
www.campus.de

Frankfurt · New York